新媒体视域下大学生心理健康教育研究

李晓婵◎著

北京出版集团
北京出版社

图书在版编目（CIP）数据

新媒体视域下大学生心理健康教育研究 / 李晓婵著.
北京：北京出版社，2024.12. -- ISBN 978-7-200-19242-1

Ⅰ.G444

中国国家版本馆 CIP 数据核字第 2025DB4064 号

新媒体视域下大学生心理健康教育研究
XINMEITI SHIYU XIA DAXUESHENG XINLI JIANKANG JIAOYU YANJIU

李晓婵 著

*

北京出版集团
北京出版社　出版

（北京北三环中路6号）

邮政编码：100120

网址：www.bph.com.cn

京版北教文化传媒股份有限公司总发行
全国各地书店经销
天津和萱印刷有限公司印刷

*

720 mm×1 000 mm　16开本　12.25印张　210千字
2025 年 8 月第 1 版　2025 年 8 月第 1 次印刷

ISBN 978-7-200-19242-1

定价：72.00 元

版权所有　翻印必究
如有印装质量问题，由本社负责调换
质量监督电话：(010)58572740　58572393

前 言

随着时代的进步,以互联网技术为代表的新技术革命推动人类进入信息化社会,为人们创造了新的生活、学习、交往方式。对于高校而言,互联网这一新事物使得新媒体视域下的大学生教育管理面临新的机遇与挑战,原因就在于互联网对大学生的影响十分深远。如今,在新媒体时代背景下,高校如何有效加强并改进大学生教育管理工作,提高工作的时代性与实效性,已成为大学生教育管理工作者的重要研究课题之一。

新时代大学生对美好生活的需求越来越丰富,具有多样性、多元化和多层次的特点。每个大学生满足自身需求的能力和资源具有不断变化的特点。一方面,新的时代背景为大学生健康成长成才提供了诸多便利条件和优势资源;另一方面,新的时代背景亦为大学生的和谐发展提出了不少新要求和新挑战。进入大学后,大学生会获得不同类型的情绪情感体验,体验性质和强度不仅与其对大学生生活的满意程度密不可分,还和其个人拥有的能力、才华、资源及经验的积累息息相关。

一个健康的心态是确保大学生能够顺利完成学业、解决日常生活和工作中的问题,并实现最大发展的关键。对于大学生而言,每个人都会遇到自我认知、情绪、人际关系、人格成长、恋爱、择业等人生课题。在大学生群体中,对心理健康的重视、对内心自由的追求以及对人生意义的探索等正逐渐成为他们关注的焦点。为此,加强心理健康教育显得尤为重要。我们应积极推广心理健康知识,教育学生以正面态度面对自我、他人和社会,理性看待挑战、失败与成就,帮助他们塑造积极的人格特质,推动心理平衡与和谐,为构建更为和谐的社会奠定坚实基础。

本书共分为五章内容讲述了新媒体视域下大学生心理健康教育研究。第一章是绪论,包含三个方面,即新媒体的定义与特征、新媒体的影响与发展、新媒体视域下大学生心理健康教育综述。第二章讲述了大学生心理健康教育知识,包括大学生心理健康的表象、大学生常见心理健康问题与对策、大学生心理危机预防和疏导、大学生积极心理品质的培养等内容。第三章论述了高校心理健康教育的实施，包括高校心理健康教育的目标、高校心理健康教育的内容、高校心理健康教育的评估等三方面内容。第四章介绍了新媒体视域下大学生心理健康教育理论与措施，包括新媒体视域下大学生心理健康教育理论基础、新媒体视域下大学生心理健康教育模式构建、新媒体视域下大学生心理健康教育存在的问题与原因、新媒体视域下大学生心理健康教育的措施。第五章介绍了新媒体视域下大学生心理健康教育实践，主要有新媒体视域下大学生的自我意识研究、新媒体视域下大学生的情绪管理研究、新媒体视域下大学生的人际交往研究、新媒体视域下大学生的学习与生涯发展。

在撰写本书的过程中，作者参考了大量的学术文献，得到了许多专家学者的帮助，在此表示真诚感谢。本书内容系统全面，论述条理清晰、深入浅出，但由于作者水平有限，书中难免有疏漏之处，希望广大同行及时指正。

李晓婵

2024 年 2 月

目 录

第一章 绪论……………………………………………………………………1
　第一节　新媒体的定义与特征……………………………………………1
　第二节　新媒体的影响与发展……………………………………………7
　第三节　新媒体视域下大学生心理健康教育综述………………………19

第二章 大学生心理健康教育知识…………………………………………25
　第一节　大学生心理健康的表象…………………………………………25
　第二节　大学生常见心理健康问题与对策………………………………30
　第三节　大学生心理危机预防和疏导……………………………………59
　第四节　大学生积极心理品质的培养……………………………………65

第三章 高校心理健康教育的实施…………………………………………69
　第一节　高校心理健康教育的目标………………………………………69
　第二节　高校心理健康教育的内容………………………………………78
　第三节　高校心理健康教育的评估………………………………………88

第四章 新媒体视域下大学生心理健康教育理论与措施…………………101
　第一节　新媒体视域下大学生心理健康教育理论基础…………………101
　第二节　新媒体视域下大学生心理健康教育模式构建…………………106
　第三节　新媒体视域下大学生心理健康教育存在的问题与原因………118
　第四节　新媒体视域下大学生心理健康教育的措施……………………124

第五章　新媒体视域下大学生心理健康教育实践 ················· 137
　第一节　新媒体视域下大学生的自我意识研究 ················· 137
　第二节　新媒体视域下大学生的情绪管理研究 ················· 157
　第三节　新媒体视域下大学生的人际交往研究 ················· 171
　第四节　新媒体视域下大学生的学习与生涯发展 ··············· 180

参考文献 ··· 187

第一章 绪论

新媒体的蓬勃发展,既给大学生提供了丰富的资讯与知识,也会因一些负面信息影响大学生的价值取向、道德理念甚至是心理健康。心理健康教育是全面提升大学生心理健康水平的重要载体,扎实开展新媒体环境下大学生心理健康教育,推动大学生的全面健康发展,势在必行。本章是绪论部分,包含三个方面,即新媒体的定义与特征、新媒体的影响与发展、新媒体视域下大学生心理健康教育综述。

第一节 新媒体的定义与特征

新媒体作为一种新兴的网络技术,它产生于虚拟的网络环境之中,并且随着技术的发展而处于一个动态的变化发展过程中,因此,对于新媒体的定义,不同的研究者和应用者会从不同角度对其进行概括,并且作为一个相对的概念,吸引着更多的学者从新的角度进行研究。随着对新媒体概念内涵和外延研究内容的日趋丰富,对新媒体概念和特征的界定也不再仅仅局限于技术层面,还需要从社会环境和用户心理特点等层面进行分析。

一、新媒体的定义

1967年,美国哥伦比亚广播电视网(CBS)技术研究所所长戈尔德马克在一份探讨电子录像(EVR)开发的报告中,首次将电子录像定义为"新媒体"。两年后,这一术语在美国传播政策总统特别委员会主席罗斯托向尼克松总统提交的报告中被大量使用,进而使"新媒体"一词在美国社会广泛传播,并逐渐走向世界舞台。新媒体作为一个与时俱进的概念,其崛起标志着传统媒体如报刊、广播、电视之后的新型传播形态的诞生。新媒体的定义极为广泛,不仅涵盖了利用数字和网络技术进行信息传播的渠道，如互联网、宽带局域网络、无线通信网络和卫星通信等，还包括了多种接收终端，如个人电脑、智能手机和数字电视等设备。这些技术和设备能够帮助新媒体为用户提供丰富多样的信息和娱乐服务，从而满足不同用户的需求，也极大地拓展了人们的信息获取的渠道与娱乐体验。因此，从严格意义上讲，新媒体应当被称为数字化新媒体，体现了其与现代数字技术的紧密结合。

目前，不同学者由于研究角度不同，对新媒体的定义也各不相同，从国内的研究现状来看，清华大学新闻与传播学院熊澄宇教授提出，今天的新媒体是在计算机信息处理技术基础之上产生的媒体形态，包括网络媒体和其他数字媒体形式。所谓新传媒，或称数字媒体、网络媒体，是建立在计算机信息处理技术和互联网基础之上，发挥传播功能的媒介总和；它除具有报纸、电台、电视等传统媒体的功能外，还有交互、即时、延展和融合的新特征。①

上海戏剧学院的学者陈永东重点从新媒体与传统媒体差异性进行研究，提出："新媒体是相对于传统媒体而言的媒体及各种应用形式，目前主要有互联网媒体、掌上媒体、数字互动媒体、车载移动媒体、户外媒体及新媒体艺术等。"②从其定义可以看出，新媒体本质上也是一种信息传播的媒介，但它的传播机制和传播过程，与传统媒体截然不同。从研究传统媒体向新媒体的演变过程中，不难发现，新媒体中仍然蕴含着传统媒体的部分功能和属性，而且新媒体这一概念是一个不断发展的概念，对于广播来说电视是新媒体，而对于电视来说，网络是新媒体。

新媒体的"新"，实际上体现出的是技术手段和传播形态方面的"新"。起初，许多研究者只从技术的角度，认为新媒体是在计算机技术的应用和发展下创造出的一种媒介形态。但随着数字技术和网络技术的不断发展与创新，新媒体的形式发生了延伸和扩展，比如传统媒体与新媒体的融合，产生了数字电视、电子报刊等。因此，根据时代发展的特点，研究者们需要从狭义和广义两个角度对新媒体概念进行重新研究。

---

① 知乎. 新媒体概述 [EB/OL]. （2022-3-12）[2023-12-10].https://zhuanlan.zhihu.com/p/99236619.
② 百度. 简论传统媒体的困境和出路 [EB/OL].（2022-3-12）[2023-12-10].https://www.wenmi.com/article/po7mt901q9tw.html.

(一) 狭义上的新媒体

在对新媒体的定义进行理解的过程中，可以从其本质进行分析。新媒体之所以"新"，除了传播机制和特点与传统媒体不同之外，它所依赖的技术与传统媒体也有极大的不同。例如报纸媒体采用的是激光照排技术，电视媒体采用的是影像传播技术，新媒体则采用的是数字化技术，即对文字、图像、语音、视频等传播内容进行数字化处理，使之依靠二进制代码的形式传递给不同位置的终端个体，并且借助于计算机技术和通信技术，使得媒体介质具有强大的存储、保存、处理能力，不同用户之间还可以实现信息的共享和交换。

在数字技术的影响下，产生了多种形式的终端形态，如计算机客户端、移动客户端，这些媒介载体与传统媒体或借助数字技术演化出的新形态传统媒体具有非常显著的区别。例如从信息传播的特点上看，无论是计算机客户端，还是移动客户端，用户可以自主地发布和传递信息，改变了传统媒体时代受众被迫接收信息的状态。因此，在对新媒体的研究过程中，仅从技术的角度对其进行研究是远远不够的，还要重视对新媒体所具有的交互式特征等传播特点和大众行为进行分析。

(二) 广义上的新媒体

除了从技术层面和新媒体与传统媒体显著差别层面对新媒体进行界定外，从其他学科和视角对新媒体进行解读，对更加全面和完整地理解新媒体的内涵有巨大帮助。

从广义的角度对新媒体的概念进行研究，往往是对新媒体的载体或者是传统媒体的数字化进行研究分析，包括新媒体的传播特点、用户传播行为、用户传播心理等方面。其中传统媒体在向新媒体发展过程中，传播者与接受者之间的地位发生了巨大的改变，普通社会大众也具有主动获取和发布信息的权利和自由，人们使用传播媒介的门槛降低了。人类社会信息传播方式的改变打破了传统媒体的垄断地位，虽然这种改变并没有对社会整体的运行产生实质性的影响，但也诱导出一系列社会问题，并给整个人类思维习惯、社会活动带来了深刻的影响。

另外，利用网络技术发展起来的新媒体，并不是传统媒体的复制和模仿，而是在新技术上衍生出诸如搜索引擎、微博、微信、游戏、音乐等新媒体休闲娱乐与社交沟通模式，并且这些新的娱乐和沟通工具具有十分可观的经济附加值，为人类社会生活带来极大的便利。但是新媒体作为一种新型的媒介形态，尚未形成系统的理论体系，这就需要我们在研究新媒体时，从其他学科视角，进行全方位、多方面的研究。

正如前面所说，新媒体技术处于一个动态发展过程中，对于新媒体广义的理解还存在着诸多争议，目前学术界尚未形成统一的论断，广义的新媒体不仅以计算机网络技术作为发展的基础，并且根据传播主客体之间的相互作用，新媒体还具有新媒体性、交互性、虚拟性、广泛性、个性化等传播特征，这些特征所引发的网络舆论、意识观点的碰撞，给社会发展带来了直接的变革。

二、新媒体的特征

前文从狭义与广义两个角度，详细地论述了新媒体的概念，并指出新媒体具有新媒体性、交互性、虚拟性、广泛性、个性化等传播特征。相比传统的广播、电视、报纸等媒体载体而言，新媒体的出现使大众传播方式产生了质的改变。信息传播不再是一对多，而是多对多地传播，下面将对新媒体的特征进行全面论述。

（一）新媒体性

与传统媒体不同，新媒体的功能更加强大，它不仅可以将多种媒介形式整合到一起，而且可以将传统媒体诸如报纸、广播、电视等媒介内容进行数字化，使得新媒体的内容资源极其庞大与丰富。而且新媒体平台可以便捷地对各种资源进行组织和管理。除此之外，在不同媒介形式不断融合的过程中，不同信息、资源、品牌、影响力不断交叉合作，使新媒体的功能更加强大和丰富。例如目前使用较为广泛的微信，起初它只是一种社交工具，如今已经发展成为一种集文字、语音、图像、视频等多种媒体形态于一体的综合体。

对新媒体特征的理解主要包括两个方面：第一，从新媒体产生的机制上看，它是在计算机网络技术的推动下产生的；第二，从新媒体传播的影响上看，大众传播已不再是单一媒介传播，而是多种媒介相互融合的产物，因此也可称为融合传播。

（二）交互性

通俗来说，交互性是指人们可以通过新的媒介载体，实现非面对面的交流的特点。在传统媒体时代，受众只能被动地接受信息，无法发表自己的意见和看法，但在新媒体传播形态下，用户可以自由地对所获信息进行评价，并且也可以主动地发布各种信息。交互性在传统大众传播中也存在，如面对面的谈话，但这种传播交流的方式过程缓慢、效率不高。而新媒体传播的交互性非常强大，由于计算机、智能手机、互联网等数字终端和网络技术的进步，媒体操作、处理、运算的性能得到加强，使得人们信息的传递呈现出即时性、海量化的特征，如产生了QQ聊天、微博、微信朋友圈等众多新媒体功能平台。

如果新媒体的产生是由于信息传播互动性所产生的，那么新媒体的互动性则是由于网络信息发布门槛低和信息传播灵活多样所带来的结果。在互动的环境中，对信息内容的选择、看法和观点，已经不再是信息的发布者所能控制，信息参与者主动性的增强，信息发布者身份的弱化，充分调动了广大新媒体用户的参与性与积极性，使新媒体交流的人际互动方式也活跃了起来，这也正是新媒体深受欢迎的直接原因。交互性还将现实社会环境中的舆论传播转移至网络平台，使人人都能参与到社会问题的讨论中，对培养公民主人翁意识和社会责任意识具有极大的帮助。

(三)虚拟性

除了新媒体性和交互性之外，虚拟性也是新媒体不同于传统媒体的一个突出特点，在传统媒体时代，信息只能通过报纸、广播、电视等渠道发送，并且信息发布者和传播者通常会保留自己的姓名或所属的单位和公司，因此，可以轻易地追查到该信息是哪个人、哪个单位所发布。但随着网络技术的迅速发展，大量网民进入网络世界当中，网络 IP 协议使得所有用户都隐藏于屏幕的背后，一方面，用户在网络上发布信息可以不使用现实社会的真实信息；另一方面，网络渠道的范围广泛，难以确定具体的信息发布者。这就导致了整个网络空间属于一种虚拟的时空，各种五花八门、真假信息充斥在这个环境当中。

由此可以看出，虽然新媒体为人们提供了一个便利的信息发布平台和社交平台，但也引发了一系列消极的影响。例如虚假信息、低俗淫秽信息的传播；网络谣言、网络暴力对人们精神与心理的伤害。随着时代的不断发展，新媒体所构筑的文化场所正逐渐影响着人们的价值观、人生观和世界观。现实社会中各种道德、伦理观点的冲突、碰撞和讨论都已聚集在网络平台上，并极易迅速传播，反作用于现实社会中人们的行为活动。对于大学生教育管理工作而言，如何利用网络空间和新媒体工具，正确地引导大学生积极、健康地学习和生活，成为大学教育管理工作者重点思考的问题。

（四）广泛性

经济全球化的快速发展，增强了各国之间经济与贸易的往来，网络技术的发展，使全世界真正成为麦克卢汉所预测的"地球村"。相对于传统媒体，新媒体不仅打破了传统媒体所营造的信息传播壁垒，而且还逐渐使不同国家、种族、产业之间信息交流与传播的界限更加模糊。人们通过网络就可以获得各种各样的信息，并且网络传播的瞬时性、即时性、广泛性等特点，加快了人们之间传播信息的速度。随之而来的是网络使用者自主意识的增强，他们常常会选择自己感兴趣的内容，但对正处于人生重要学习阶段的大学生群体来说，他们的自控能力还较为薄弱，对事物的辨别能力有待提高，这就需要大学生教育管理者起到正确引导的作用，避免大学生群体沉迷于网络，以致误入歧途，被不法分子所利用。

由于新媒体信息传播是一种碎片化的传播，因此在传播的过程中，新媒体会呈现出对社会文化消解和重构的特征。新媒体的出现带来媒介生态结构的改变，进而会引起人类社会生活和结构的变化。在新媒体逐渐形成的特点中，蕴含了鲜明的后现代性，同时这种后现代性对文化具有一定消解作用。微博、微信的"微传播"方式使文本被拆解、嫁接，完整的文本意义可以被反复加工和重新解读，这使得新媒体文本传递的本意被谣言消解，媒体如未能客观再现事实本身，将不仅造成事实本身和再现事件的裂变，而且会增加其负面影响。

新媒体在给大学生日常学习带来诸多便利的同时，也给高校教育管理工作带来许多挑战，这已成为当前高校教育环节中一个不可回避的现实问题，大学生的意识形态建构和道德成长在新媒体的冲击下面临消解和重构的新情境。新媒体的普及使得信息传播的方式发生了颠覆性的变化，在新媒体平台上，每个人都可以成为信息的传播者和加工者，这种信息传播方式极大地拓宽了信息来源的渠道，但同时也增加了信息筛选和鉴别的难度。在新媒体时代，大学生可以根据自己的兴趣和需求，选择适合自己的学习方式和信息来源，从而更好地实现个性化发展。新媒体为大学生提供了更加广阔的视野和更加多元的文化体验，这有助于培养他们的创新思维和开放心态。

(五)个性化

随着社会的不断发展,个人需求呈现出多元化和个性化的特点,新媒体作为一种传播工具,其核心是信息的共享和交流。新媒体环境突破了以往人们沟通交流的阻碍,使人们交流与传递信息挣脱了时间和空间的束缚。在过去,媒介载体只是人们被动获取信息、了解世界的窗口,但在新媒体所营造的网络环境下,人们不再满足于通过媒介载体获取信息。根据职业、个性、文化水平的不同,人们对于新媒体提出了新的需求,例如沟通交流、娱乐休闲等,这就使得新媒体为满足不同兴趣爱好的用户,呈现出一种个性化的发展趋势。

在新媒体传播中,随着云计算和大数据技术的发展,受众只需通过鼠标或手指轻轻一点,便可以在网络空间中迅速获取到自己所需要的信息,并且处于网络技术平台背后的运营者,可以根据用户的使用习惯、访问网页的内容,进行个性化的推送服务,极大地节约了用户的时间,提高了用户在广阔的信息海洋中抓取关键信息的效率。此外,各种社交软件的出现,如微博、微信、论坛等,使得人人都有"麦克风",每个人都有可能成为新媒体环境的中心。

第二节 新媒体的影响与发展

一、新媒体的影响

新媒体的崛起与演进对人们的生活和社会发展产生了深远影响,加强了信息获取与交流的便利性,同时也会对人们的价值观念产生一定的冲击。

(一)对个体生存的影响

美国著名传播学学者尼葛洛庞帝(Negroponte)在其代表作《数字化生存》一书中提出的关于信息技术发展的诸多预言,如今有许多已经实现。在其著作中,尼葛洛庞帝描绘了数字科技为我们的生活、工作、教育和娱乐带来的各种冲击和其中值得深思的问题,信息是人类社会交往中最重要的元素。尼葛洛庞帝向我们展示了这一变化趋势,即传播媒体已经从"小众化"发展为"大众化",再到如今又重新回归"小众化"。现代社会下的"小众化"与过去经济、技术十分落后的"小众化"具有极大不同。过去由于经济、技术水平较低，信息传播速度慢、范围窄，而如今根据用户需求的不同，信息正逐渐被划分为不同的"信息流"，分别向不同的受众群体传播。

在《数字化生存》一书中，尼葛洛庞帝对20世纪信息时代的起源、发展，信息技术的原理、特点、概念都进行了详细介绍，阐明了网络技术对人们生产生活的巨大价值和影响，他的预言绝大部分都应验了。因此，他的研究对于如今信息技术的发展具有十分重大的研究价值。

"数字化生存"这一概念和个体的生存状态引起了研究者们的思考，信息时代改变了人的生存状态吗？如何改变？又如何使之成为可能？"数字化生存"是主动的还是被动的？带着这些疑问，追溯人类历史上媒介环境的每一次改变对人类生存状态的影响。

人们传播的方式经历了口语、文字、印刷、网络等的变革，在生产力落后的农业社会里，人们依靠语言进行信息传播，但是随着工业革命和科技革命的展开，新型的传播手段不断革新，人们在家里就可以获得千里之外的任何信息资讯。如果说，传播媒介的产生，只是人们为了打破地域的界限，使信息能够在全球范围内流通，那么在现代传媒形态的发展过程中，媒介形态已不再仅仅是传递信息的工具，它为所有受众构造出一种虚拟环境或媒介环境，并与现实环境相互依存，相互影响，深刻地改变了人们生活的方方面面。

1972年唐纳德·肖（Donald Shaw）和麦克斯威尔·麦克姆斯（Maxwell McCombs）提出的"议程设置"理论，得到许多学者的认可和支持，大众传播媒介对复杂多变的客观世界进行了描述和解读，我们所认知的复杂多元的现实世界被重新构建成了一个新世界，形成了一种全新的环境——媒介环境。这种环境并非是直接的个人客观环境，而是由媒介精心构建并传递给我们的，对我们的认知、态度和行为产生了深远影响。在今天的新媒体环境下，这种所谓的媒介环境也往往被人们理解为数字化环境。

构成数字化环境的主体是媒介事件和媒介人物、媒介受众。古希腊哲学家柏拉图在《国家篇》中提出著名的"洞穴理论"，它是媒介环境对人的生存环境和意识观念产生影响的贴切说明，尽管柏拉图所关注的领域并非媒介，但涉及了情景影响。他将缺乏思考能力的人比喻为古代黑夜中待在洞穴里的人，黑暗的洞穴之中只有一点可以照明的火光，洞穴墙壁上照映着他们斑驳的影像，而智慧尚未开化的人们却把这些影像当成现实社会中的人。

正如现代社会中人们通过媒介只能看到世界的表象一样。在"洞穴理论"中，我们可以发现众多社会科学的基本理念，如人的自我意识、信息传播的渠道以及人与环境的关系。

信息时代的到来，让人们对个体和环境的关系有了新的思考。在数字环境下，人们只能通过"媒介"的间接经验去认识世界，人的行为不再是对客观环境及其变化的反应，一个微博的网民可能会对一件"不在场"的事件，根据自己的主观判断发表言论，而言论本身无法保证其客观性。在这种复杂的信息环境下，人的行为和思维被媒介所左右，人的精神自由就被置于信息时代的牢笼之中。

（二）对社会舆论的影响

随着新媒体的高速发展，新媒体的传播影响力通过舆情事件对政治、经济、意识形态和价值观等社会舆论领域产生影响。新媒体环境下，公共事件舆情传播的途径和影响趋于复杂，传统媒体和新媒体（网络媒体、智能手机）相互作用，使新媒体舆情事件的影响力不仅局限于个别领域，甚至会波及整个行业和政府决策。新媒体环境下的复杂传播过程也伴随着一些规律和问题。

1. 影响舆情规律

（1）舆情易被观测

新媒体舆情事件的信息源依然来自传统媒体，我国政府对互联网信息管理和发布作出了明确的规定，只有传统媒体创办的网站，经过审批才有新闻首发权，其他网站只能转载传统媒体或新闻网站新闻。在相关舆情事件中，首发报道依然是纸媒。但新媒体舆情事件的发生、发展的不同阶段，都会体现出一定的规律性。从社会燃烧理论的角度看，传统媒体为某次舆情事件的发生提供了"燃烧材料"，在实际报道中，记者出于对"新闻效果"的报道需要，对文本进行了加工，剔除了不具备炒作潜力的内容，用文本技巧引导读者阅读。网站等新媒体传播平台在进行转载过程中，使用了"洗稿"等文本技巧，突出了标题和内容的"眼球效应"。在舆情发展过程中，大量不具备新闻报道规范的文本被反复加工，成为舆情传播的"助燃剂"。

（2）联动性加强

在新媒体舆情事件的发生过程中，新旧媒体间的传播过程更趋于复杂化，如传统纸媒提供素材，门户网站提高关注，地方媒体深入挖掘选题，后续媒体紧跟热点挖掘相似选题。在此过程中，体现出较强的跨地域联动特征，一次舆情事件会涉及几个主要策源地。新媒体的出现开辟了媒体传播的新方法和途径，使新媒体传播环境更趋复杂。

网络的交互性体现在多方面，比如微信的"摇一摇"、论坛的"留言板"，网民可以实时地通过在线投票和留言表达自己的观点，这种交流模式加强了网络传播的互动性，但同时也暴露出其信息碎片化、表达情绪化等负面问题。

（3）新媒体打破了以往社会分层的对话机制和模式

从社会学角度出发，根据人们财富、权利和声望等条件的不同，可以把人们分为不同的层级，不同层级掌握的社会资源和所占据的社会地位各不相同，因此在传统环境中对信息的敏感程度、受影响度也各不相同。但在新媒体环境下，各种信息获得了最大程度的交流，社会各阶层都可以平等地通过网络平台获得各类信息，这对于缩小不同阶层之间的差距具有极大的帮助。

（4）舆情事件对现实生活产生的影响日趋明显

舆情事件甚至可以影响一个企业的兴衰成败。媒体评论者将这类传播中出现的负面问题进行了总结，媒体给我们提供了许许多多可能与现实生活相矛盾的陈腐形象，即使媒体过度渲染了社会问题的严重性，但是很多人都低估了媒体对它的影响力。

舆情传播的方式在新媒体环境下具有传播模式复杂、传播内容随机、传播影响力难以评估等特点，在研究方法上尝试实证和质性方法相结合。这就要求必须从符号学、语言学、传播学等多学科的交叉视角去把握和分析，寻找舆情传播的规律性特征。"萨丕尔—沃尔夫"假说的提出者之一、语言学家本杰明·李·沃尔夫认为，人们定义或者"标签"某种状况的方式对他们的行为产生影响，即所使用的词汇塑造了所能感知的现实。这种深层次的语义技巧被有经验的媒体从业人员广泛地应用到了舆情事件中。

鉴于此，我们应对传媒行业的自律和他律有所思考。新媒体编辑是当前媒体网站从业者的核心群体，与我国现阶段规模庞大的传统媒体编辑记者相比，网络媒体编辑人员从规模上已经远远超过传统媒体编辑记者，这使得该行业出现了职业素养良莠不齐、媒介传播理念存在差异等问题。在如今的新媒体时代，信息的传播量可谓庞大且复杂，每个人都可以通过各种平台发声，分享自己的观点和看法。然而，这种多元化的信息传播方式也带来了一系列问题，其中最为突出的便是虚假新闻和失实新闻的泛滥。在这方面，我们不得不承认，相较于美国等发达国家，我国在监管和惩戒方面还存在一定的不足。以美国为例，他们拥有像"哈钦斯委员会"这样的机构和新闻监督员制度，专门负责对新闻行业的监督和管理。该委员会人员不仅具备深厚的专业知识和丰富的经验，该委员会还拥有一套完善的制度体系，能够对制造虚假新闻、失实新闻的行为进行有力的惩戒。此外，新闻监督员负责监督新闻报道的真实性、公正性和客观性，确保新闻行业的健康发展。针对新媒体复杂的传播环境，媒体从业人员可以巧妙地利用传播技巧规避自身所承担的责任，媒体行业的自律和他律效果更难以实现。以学者和研究人员为主体的第三方媒体监督机构应成为规范媒体行业标准、把握媒体伦理范围的外部力量之一，这有助于加强新媒体环境下的媒介素养教育。

2. 影响舆情问题

（1）舆论影响力巨大

基于新媒体技术的传播方式，媒体在信息传播领域展现出了强大的社会影响力，从传统媒体和新媒体在面对一些重大事件时实现的高效即时的信息传播，到如今各级政府网站都开通微博账号，重视微博宣传的作用，新媒体所具有的传播效果和广泛的影响力，已经渗透到人们生活的方方面面。在新媒体巨大的影响力下，有效甄别信息的真伪、对新媒体传播特质的深刻认识都能帮助受众进行理性思考，反之受众则被新媒体的强大影响力"绑架"，只能随着商业媒体追逐欲望和利益的指挥棒人云亦云。正是由于新媒体使用的日渐频繁与广泛，身陷其中的应用者在获取信息的同时，也依赖新媒体平台发出自己的声音，由新旧媒介组成的舆论平台对现实生活产生影响并反作用于受众。根据近几年网络舆论事件的发生背景可知，新媒体无不起到重要的作用。

（2）网络舆论传播复杂

新媒体的舆论发展导向与传统舆论发展方向具有显著的区别，主要表现在舆论主体的匿名特征和参与渠道的广泛性、舆论焦点的自发性和舆情发展的不确定性、价值观多元特征和批判性、非理性和极端化，诸如此类的舆情特征，都依赖于新媒体的传播特征而形成。在这种情况下，互联网成为社会舆论的集散地，逐步成为公民参政议政、表达诉求的重要平台。

除此之外，新媒体还有利于民众更好地参与公共事务管理，调动民众社会积极性，在政府与民众之间搭建一座沟通的"桥梁"，便于政府更好地解决人民群众遇到的问题，也为民众监督政府工作提供了条件。但是，值得注意的是，舆情的可引导性和民众的非理性，往往使新媒体成为恶意传播者们利用的工具和手段。通过系统的引导手法和公关技巧，有经验的传播者可以通过各种引导手法，对民众产生正面或者负面的引导效果。

互联网能缓解社会的不满情绪，人们通过匿名上网和非理性言论来缓解个人的心理压力，并将网上的非理性言论比喻为"垃圾筐"，在诸如社会娱乐等社会事件中，虽然有一部分人发表的意见过于偏激和消极，但也正是由于新媒体平台的便利性，使得广大受众拥有一个抒发内心不满和消极情绪的渠道，在一定程度上有利于缓解社会矛盾。在评价新媒体舆论作用的时候，网民这种不负责任的网络行为，往往被归功于新媒体具备的"社会解压"作用，这种作用能舒缓所谓的"社会转型期的结构性压力"。但这一类观点未能充分定义"什么是社会转型期的结构性压力"，将不规范的网络管理制度和网民的非理性行为归结为社会问题，而忽略了网民作为公民应遵循公民道德和新媒体引发的负面影响等问题，因此，这类论述还缺乏科学论证。

（3）媒介形态多元化

无线移动技术的飞速发展以及手机的便携性特点越来越显著，极大地推动了信息传播方式的变革，使手机媒体成为现代社会中不可忽视的重要舆论传播载体。传统媒体的报道往往存在一定的滞后性，而手机媒体则能够迅速反应，通过通信工具、社交媒体等渠道，将事件的第一手信息传递给广大受众。在突发公共事件中，手机媒体的作用尤为重要，它能够充分满足受众对人际传播信息的需求。随着我国三网融合和新媒体技术的发展，移动媒介平台和互联网的交互性越来越强，手机用户可以用手机访问互联网，或者在网上进行购物、阅读新闻等，手机媒体提供的个性化信息，使用户具有高度互动性与参与性。手机的便携性和微博、微信共同构筑了新的传播网络，人成为最终的移动传播终端，用户可以在户外、地铁等任何有手机信号的地方实现信息的交流。手机传播模式的开放性，决定了人人皆可为传播者，支持手机的APP游戏、软件应用层出不穷，曾经依赖学校参与社会活动的大学生，完全可以通过随身携带的手机参与社会化活动，手机传播信息主题的多样性与信息的海量性，使得手机的传播效果大幅增加。

微博作为当下社会最受欢迎的社交媒体平台之一，其独特的功能和特点深受大众喜爱。微博以其即时性特点，完美迎合了当下快节奏的生活方式和信息需求。正是因为微博的即时性保证了信息的瞬时传播，高度的互动性才成为可能。在微博上，网友们可以随时随地发表自己的观点和看法，与其他网友进行实时交流和讨论。微博成功迎合了即时网络的发展趋势，实现了信息的瞬时传播。它已经成为一个不可或缺的信息获取和交流平台，为我们的生活带来了极大的便利和乐趣。2010年国内微博迎来了春天，微博像雨后春笋般崛起，四大门户网站均开设微博。公开数据表明，微博、微信的使用人数增长趋势明显，手机已经成为网民上网的主要工具。"根据微博最新发布的2023年第三季度财报，截至三季度末，微博的月活跃用户数量达到6.05亿，比去年同期净增约2100万；日活跃用户达到2.6亿，比去年同期净增约800万。"[1]

最新研究表明，在众多手机APP软件中，社交通信类APP仍然是目前下载量和使用人数最多的手机软件，并且智能手机移动用户年龄分布，正呈现出"由中间向两端增长"，即老人和小孩的使用人数正逐渐增多。从使用习惯上看，手机支付，正成为人们日常生活中手机应用的主要功能。

移动终端提供的便利性和新媒体化，使得微型博客用户体验的黏性越来越强。微博在重大舆论事件中屡屡展现传播威力，其显著的开放性与匿名性特点，为广大网络民众提供了平等参与社会事务的平台，同时，新媒体作为低成本、高效率、高便捷度的政治参与途径，极大地拓宽了不同利益群体发声的渠道，使得他们的声音能够更广泛地传播、被倾听和得到认同。但值得反思的一点是，来自互联网上鱼龙混杂的声音是否能代表民主。网民不是政治学研究者，因此，打着民主幌子的网络暴力也值得警惕。

---

[1] 百度.微博月活用户已破6亿 直接把手机QQ超了[EB/OL].（2023-11-10）[2023-12-19]. https://baijiahao.baidu.com/s?id=1782139282741698701&wfr=spider&for=pc.

(4)信息真实性难以甄别

新媒体传播平台正逐渐成为谣言的"助推器"和"放大器"。这一现象并非偶然,而是由新媒体平台的特性所决定的。首先,新媒体平台的匿名性使得信息传播更加自由,但也为谣言的传播提供了温床。其次,新媒体平台的快速传播性进一步加剧了谣言的扩散。由于新媒体平台提供了畅通的言论通道与开放的舆论环境,网络上的争议和冲突很容易升级和扩大。一些极端的言论和行为往往会引发更多人的关注和讨论,从而形成恶性循环。这种现象不仅破坏了网络空间的秩序和稳定,也对现实社会产生了不良影响。

(5)新媒体舆论的社会影响

新媒体技术的发展,尤其是互联网的普及,为公众提供了更为广阔和便捷的舆论监督渠道。通过微博、微信、论坛等社交平台,人们可以随时随地发表自己的观点和看法,对政治和公共事务进行监督和评论。这种监督方式具有实时性、互动性和广泛性的特点,使得公众的监督力量得到了极大的增强。然而,随着新媒体舆论监督的兴起,一些"越位"现象也逐渐浮出水面。随着我国新媒体发展的深入,更多的商业媒体进入媒体市场,被金钱和利益左右的媒体往往会成为公关公司的工具,利用微信公众号软文和"车马费"等媒体潜规则,商业媒体能够打着"社会监督"的幌子利用文本传播引导手法,借助新媒体平台产生的社会舆论影响力,对大众评价和社会进程产生着不容忽视的影响,甚至成为企业之间相互竞争的媒体工具。

新媒体的发展极大地推动了社会舆论的生成。社会舆论的生成不再局限于传统媒体和官方渠道,而是呈现出多元化的特点。新媒体的发展也深刻改变了社会舆论的演化和发展轨迹。在新媒体时代,信息的传播速度更快、范围更广,社会舆论的演化也更加复杂多变。此外,新媒体舆论的影响力也远超出了其自身的媒介形式。新媒体通过与传统媒体的互动和融合,能够将自己的影响力扩大到整个社会舆论领域。这种跨媒体的影响力,使得新媒体舆论在社会舆论格局中占据着举足轻重的地位。新媒体舆论与社会舆论往往是紧密关联的,这反映了新媒体在引导社会舆论方向上的重要作用。在探讨新媒体舆论的传播特性时,首要任务是深入理解其影响力。不仅要与网民开展深入的交流提升舆论引导的技巧与效果,而且还要致力于促进信息的公开透明。确保把新媒体产生的负面效果(谣言和毁谤）等问题在扩散开前消除，这就要求发布者和应用者有较高的新媒体认知素养，在甄别信息方面有较强的能力。其次，国家也要加快建设新媒体的舆论法制体系，采取一种全面而系统的策略，即同时聚焦于预防与治理两个方面，并对广大网民进行必要的新媒体素养教育。

  为了更好地利用新媒体的传播力量，我们首先需要提高使用者的新媒体素养，提升个体在利用新媒体技术进行信息获取、传播和表达时所应具备的知识和技能。其次，我们还要善于利用新媒体进行舆论表达，将自己的观点和看法传达给更多人，推动社会的进步和发展，也要深入了解舆论背后的深层次意义，从而更好地引导舆论。新媒体舆论的传播渠道是社会进步的重要推动力量，我们不能因为害怕或担忧而阻碍其传播。同时，我们也要保持独立思考的能力和自我判断力，不被网络民意所左右，坚持正确的价值观和立场。在新媒体时代来临之前，传统的社会管理模式存在着若干局限，比如被动性和响应速度滞后等，这些因素显著限制了其满足现代社会日益增长的公众需求的能力。新媒体对政务信息提出了快速、及时、准确、权威的新要求。建立高效的沟通渠道，改变被动的社会管理方式，学会主动出击，成为当前新媒体情境下管理者们需要解决的问题。例如，在大学生教育管理活动中，既要充分利用新媒体的沟通便利性和学生进行充分的交流，随时跟踪教学效果和改进教学方法，也要深入挖掘新媒体所蕴含的隐性价值观教育特征，充分利用新媒体开展新形势下的大学生教育教学课程，积极融入新媒体领域中新兴的热门应用，以促进教学活动的创新与发展。针对这些应用的独特属性，利用它们发布有针对性的信息，洞察并把握学生群体普遍关心的焦点议题。

二、新媒体的发展

  新媒体展现出如此强大的发展潜力，主要依托于新媒体技术的高速发展和新媒体市场的日趋成熟。国家高度重视新媒体技术的发展，不仅在政策和资金上给予极大的支持和帮助，而且倡导从国家层面，做强做大一批具有世界范围影响力的新闻信息平台，同时，鼓励民间私有资本利用互联网技术，建设具有自身企业特色的综合性网站，从而推动互联网行业健康有序发展。

（一）"新新媒介"出现

  基于新媒体（New media）的第一代网络媒介，有学者提出新新媒体（New new

media）的概念，与原有新媒体，如电子邮件、电子商务、BBS等载体相比，新新媒体是指互联网上的第二代媒介，以微博、推特网、微信这类交互式社交平台为主，其特征和原理主要包括：（1）其消费者也是生产者；（2）多数内容创造者来自非专业领域；（3）个体能够根据个人才能和兴趣，选择适宜的新新媒体渠道进行创作与发布内容；（4）新新媒体平台通常无须付费，为用户提供了零成本的参与机会；（5）新新媒体之间存在竞争与合作的复杂关系；（6）新新媒体的服务功能在某些方面超越了传统的搜索引擎和电子邮件；（7）新新媒体缺乏传统媒介中的自上而下的控制机制，赋予了用户更多的自由与权利；（8）新新媒体的发展让每个用户都有可能成为出版者和创作者。关于新新媒体的界定，我们可以看作是对新媒体种类的一个细分，包含了所有新媒体所具备的特性，同时又具备网络世界的虚拟性、非真实性所带来的弊端，比如知识产权侵权、谣言煽动、网络人肉搜索等。

根据互联网媒体的交互性和自主性差异，可以将其作为区分新媒体和新新媒体的标准，然而所谓"新新媒体"的概念，并没有得到研究者们的广泛认同，但可以将其看作对新媒体研究领域细分的一种探索。

（二）新媒体产业日趋成熟

互联网和移动增值作为新媒体最重要的两个领域，得到了快速发展。随着智能终端的普及，移动互联网购买用户将不断得到提升，移动互联网用户的收入结构将不断得到改善。新信息通信时代，移动互联适逢其时，掌握全球大势，将会有助于更好地把握本土移动互联网产业与市场的发展方向，从而在移动互联网发展浪潮中获得更好更健康的发展壮大的机会。

移动互联网应用主要表现在手机游戏、移动音乐、移动搜索、移动支付等方面，并且都有很大的发展前景，但是也面临着很大的困难。移动互联网的独特之处在于其高度的便携性和深度的个性化特性。用户可以轻松地在任何时间、任何地点接入无线网络，享受无缝的通信服务。而移动互联网的个性化则具体体现在终端设备的多样化、网络服务的个性化以及内容/应用的高度定制化上。其中，互联网内容/应用的个性化体现在社会化网络服务（SNS）、Widget 等 Web 2.0 技术方面，移动互联网实现了与终端和网络的个性化结合，极大地增强了个性化服务的效果，也进一步推动了移动互联网的繁荣发展。这是移动互联网应用的新型技术进展，很多企业都在这方面进行深入的研究，以实现移动互联网应用的最大化发展。

移动互联网应用拥有很大的发展机会，但也遭遇着诸多挑战。移动运营商要根据对国内外移动互联网发展现状和发展趋势的分析，实行战略部署；要加强产业链合作实现共赢，为整个移动互联网产业发展开辟更加广阔的空间，所以移动互联网应用具有很大的投资和发展潜力。

（三）交互式媒介平台的应用

自 2002 年博客在中国正式流行起，新媒体工具如微博、微信等交互式平台逐渐涌现。交互式媒体的形式发展日趋丰富，集文字、图形、音频、视频为一体的超媒体信息传播方式打破了传统媒体的局限，使交互式的公共对话模式打破了传统的社会分层对话模式，"21 世纪的传媒时代，新媒体正在将公共领域逐步侵蚀"。以哈贝马斯形成的公共领域的三大条件为衡量尺度，对传统的大众媒体和新媒体进行深层次的剖析，发掘新媒体对构建公共领域的正面价值。在新旧媒体更迭之际，研究者指出新媒体所展现的截然不同的积极和消极的社会影响，既为公共话语传播对社会舆论、对意识形态的建设形成新的挑战，又由于交互式媒体所具备的即时性、自主性、开放性和互动性为人们提供了一定程度的话语自由，这种自由颠覆了"把关人"的传播概念，使交互式媒体传播的内容良莠不齐、泥沙俱下，对人们的价值观产生了或好或坏的影响。

三、当代新媒体的动态发展格局

新媒体的发展延续了媒体发展的便利和效率。然而，当前的新媒体形势突出了与一般媒体不同的情况，新媒体比以前任何媒体都更加活跃，每个新媒体用户都更加深入生活。同时，由于技术平台的多样性和技术的不平等性，新媒体创造了各种具有不同特色的新媒体共存局面，并且在共存中继续沟通、融合和转型，倾向于创造新的边缘和多功能产品。当前的新媒体正在形成自己独特的生态圈。这个生态圈是复杂的，但它密切关注用户体验的营养土壤，并继续向用户群效应发展。由于用户群效应的多样性，新媒体不断更新和自我复制。

新媒体是最早的技术和世界上某些流行媒体被引入中国改造发展而成。在各个集团中，有一些公司只是从事特殊新媒体的运作，还有一些跨国联盟的大型媒体集团。在固定新媒体组中还有几种主要产品并存，并且在短期内锁定在自己的特定用户群中。在新媒体生态系统中，各种新媒体具有不同的服务导向和服务水平，这些服务形成的使用偏好和体验习惯有利于稳固其用户群。

在当前的数字化时代，中国互联网用户对于各类网络应用的依赖度日益增强。据统计，这些常用应用的使用时间占据了用户日常使用时间的绝大多数，其中新媒体更是占据了 3/5 的份额。新媒体的崛起，让传统意义上的媒体和传播方式受到了前所未有的挑战。它不再仅仅是信息传递的工具，而是逐渐演变成为互联网用户在线生活的核心载体。

（一）视频网站

优酷网、土豆网、爱奇艺网等视频网站强势鼎立。视频分享和欣赏成为主要娱乐方式，由此产生了"播客"这一类似媒体记者的群体，用自己的摄像设备记录社会、传播社会。

（二）搜索引擎

主要包括百度百科、快懂百科、维基百科等百科式网站，百度知道、360 问答等问题回答式网站，以及 QQ 书签等社会化书签。最新的社会知识群体已经通过新媒体实现了知识的大众化，大量信息和知识来源逐渐倾向于"有问题，百度一下"等新媒体。建立在资讯分享和答疑解惑信息需求上的文化与知识分享，在大众知识文化水平日益提高的中国将愈加普遍。

（三）社交网站

大街网、商麦网等商务社交网站，以及美团、大众点评等社会化电子商务与消费点评平台均属于社交网站，商务社交网络的主要目的是为职业人士创造一个在线社交平台。在此平台上，用户可以通过不断扩展的人际网络从容地寻找商务联系人。社会化电子商务与消费点评机制的结合，有效促进了商务消费与社交活动的深度融合。通过精准地聚合具有相同消费属性和偏好的用户群体，不仅丰富了社交互动的内容，还实现了商务利益的集中化和最大化。

总体来看，目前大学生使用频繁与较为广泛接触的新媒体平台，其思想性和娱乐性要多于消费性和商业性，行为的非功利化和社会责任感也多于婚恋社交和商务社交用户群。

当代新媒体的显著特色在于其构建了一个虚拟化的网络空间。在这一空间中，大学生们可以跨越各种差异的限制，通过多样化的新媒体渠道进行深入的互动与沟通。这种全新的互动方式不仅催生了一种崭新的社会生态，更在推动社会快速变革的同时，深刻影响了青年一代的思想观念与价值取向。

当前新媒体格局中，网络等现代传媒为传统信息传播方式、话语模式和舆论格局带来革命性变革，资讯传播与舆论散布更加密集。网络已渗透到社会生活各领域，影响着传统习惯、运行轨迹和现代生活方式。新媒体个性化和人文化倾向明显，出现了丰富多样的个人媒体形式，满足人们发布和选择信息的基本欲望。在当前各种新媒体的格局中，大学生群体获得了最大的可行性优势，可以充分借助新媒体实现自我发展、自我服务、自我教育。但是新媒体只是一种工具，要更好地实现对大学生的发展、服务、教育，必须依靠高校教育管理工作者的引领和帮助。

第三节　新媒体视域下大学生心理健康教育综述

在新媒体技术迅猛发展的时代背景下，提高对大学生心理健康教育的重视程度至关重要。这一举措不仅顺应了心理健康教育与社会发展变迁的需求，更标志着心理健康教育在新媒体时代下的深度融合与创新。在新媒体环境中实施的大学生心理健康教育，运用的是一种富有创意的教学方法，既是对传统教育理念的创新与扩展，又是对现有教学方法的继承与优化。

新媒体环境下的大学生心理健康教育，充分借助新媒体技术作为教育媒介，实现了教育方式的创新与升级。这种教育模式并非完全摒弃传统的心理健康教育方法，而是在此基础上进行拓展与提升。通过运用新媒体技术，心理健康教育得以更加生动、直观地传递心理健康知识，使得大学生能够更为轻松、深入地理解和接受。

一、新媒体视域下大学生心理健康教育的内涵

在新媒体环境下，大学生心理健康教育这一概念，实则蕴含了丰富的内涵。

从基本定义来看，它是以新媒体技术为重要支撑，将新媒体的教育平台功能与心理健康教育紧密结合，贯穿教育全过程的实践活动。在新媒体的推动下，大学生心理健康教育得以更为广泛、深入地开展，新媒体为大学生的心理健康教育提供了稳固的支持。在新媒体时代背景下，心理健康教育的实施涉及教育工作者积极利用新媒体及其衍生功能，通过多元化的渠道向大学生普及心理健康的相关知识，协助他们树立正确的心理健康观念，提升他们的心理素质。

在如今的新媒体时代，大学生心理健康教育正逐渐展现出一种动态、灵活且多样化的面貌。新媒体环境以其独特的优势，为心理健康教育提供了更为广阔的空间和更为丰富的手段，使得心理健康教育在新媒体环境下得以更好地发展和实施。新媒体环境作为心理健康教育的新阵地，充分发挥了新媒体的媒介优势。通过将心理健康教育内容融入新媒体平台中，大学生可以更加便捷地获取心理健康知识，了解心理健康的重要性。同时，新媒体平台也为大学生提供了一个可以畅所欲言、表达情感的空间，使得他们能够更好地释放压力、缓解焦虑。以新媒体环境为基础的教育系统，为大学生心理健康教育提供了诸多教育资源和方法途径。新媒体环境还创造了一个虚拟的社交空间，使得大学生能够在这个虚拟环境中进行角色扮演、模拟情境等活动，从而更好地锻炼自己的心理素质和应对能力。

然而，新媒体环境也给大学生心理健康教育带来了一定的挑战。一方面，新媒体的娱乐和社交属性可能导致大学生过度投入，阻碍他们对现实问题的认知和应对能力的发展。另一方面，新媒体中的信息良莠不齐，一些负面信息可能会对大学生的心理健康产生不良影响。因此，在新媒体环境下进行心理健康教育时，需要引导大学生正确使用新媒体，避免他们过度依赖和沉迷其中。

二、新媒体视域下大学生心理健康教育的特征

（一）教育主体的不固定化

在新媒体时代背景下，大学生的生活方式展现出鲜明的主体性特质。他们借助社交媒体、在线论坛以及各类移动应用等新媒体平台，更加便捷地获取资讯、阐述观点、交流思想，由此设计出更加独立、自主的生活模式。因此，在新媒体环境下，心理健康教育主客体关系的调整应当紧密贴合大学生的主体性特征，向

主体化方向发展。这主要体现在学生在心理健康教育中的"主体化"趋势以及教育者趋于"客体化"的现象。在新媒体环境下，通过这一主客体关系的调整，我们致力于维护教育主体与客体之间的平等地位，以此保障教育的动态平衡和稳定发展。

教育者不再仅仅扮演知识灌输者和道德管教者的角色，而是更多地以引导者、协调者和参与者的身份出现。他们在心理健康教育过程中，更加注重与学生的互动、沟通与交流，深入了解学生的心理需求、困惑与问题，从而提供更具针对性的帮助与指导。这种教育方式的转变，使得心理健康教育更加贴近预期的教育目标。同时，这种教育方式更能彰显教师作为教育主导者的宽广胸怀与深厚学识，进而提升教育的亲近感和影响力，建立起更加和谐、融洽的师生关系。

（二）教育方法的现代性

传统的教育模式，即教师在课堂上单向讲解书本知识的形式，已经逐渐被摒弃。在新媒体蓬勃发展的时代背景下，大学生心理健康教育正经历着一场深刻的变革。这种变革不仅体现在教育形式的创新上，更体现在学生主动性的增强，以及师生关系的转变上。在新媒体时代背景下，大学生心理健康教育强调学生积极参与和亲身体验的重要性，使得心理健康教育从单向的说教模式转变为双向交流互动模式。这种互动不仅增强了学生的学习兴趣和参与度，还使得教师能够更深入地了解学生的需求和问题，从而提供更加精准的教育服务。在新媒体背景下，心理健康教育与传统课堂教育相融合，共同构建了互动性强、平等氛围浓厚且和谐共生的教育新生态。新媒体以其便捷、即时、互动的特点，已经深入渗透到了大学生的日常生活中。因此，在心理健康教育方面，我们也必须充分认识到新媒体环境的特殊性，并结合实际情况制订相应的教育方法，开展多渠道的心理健康教育活动。此外，我们还需要注重新媒体环境下的心理健康教育队伍的建设。在新媒体环境下，大学生心理健康教育面临着前所未有的挑战与机遇。为了有效地应对这一局面，我们必须深入了解新媒体环境对大学生的实际影响，并结合大学生的特点和心理状况，创新心理健康教育方法，以适应新时代的需求。

（三）教育活动的网络性

在现行传统学校教育的体系下，教学内容往往受限于教材、教室以及时间等诸多因素，难以全面满足学生多样化的学习需求。然而，随着新媒体技术的迅猛发展，这一局限正逐步得到消解。新媒体教育以其独特的技术操作优势与教育资源的丰富性，在有效完成传统教学内容的同时，更能够针对特定教学需求进行深度拓展，从而充分彰显新媒体在教育领域的独特优势。在新媒体环境下，大学生心理健康教育展现出诸多显著特点。首先，新媒体技术突破了时空界限，使得心理健康教育活动能够随时随地开展。其次，新媒体环境下的心理健康教育不仅内容丰富、信息量庞大，而且具备高度的时效性。新媒体平台拥有大量心理健康教育资源，这些资源不仅内容充实，而且更新迅速，能够实时反映心理健康领域的最新研究成果和案例。教师及学生均可便捷地访问这些资源，进行自主学习与探索，从而深化对心理健康教育的理解与认识。此外，与传统教育模式相比，新媒体在心理健康教育的应用中展现出更为鲜明且互动性强的特性。教师能够通过新媒体平台的即时交流特性，与学生进行动态对话，及时回应他们的疑问，并根据每个学生的需求提供定制化建议。这种交流方式不仅增强了教育的趣味性，也促进了师生之间的深度互动。

三、新媒体视域下大学生心理健康教育的功能

（一）有利于增强大学生心理健康教育的灵活性

传统的心理健康教育方式主要依赖于教师在课堂上的讲授，内容主要局限于书本知识，这种以文字为主体的教学方式缺乏足够的生动性和互动性，难以有效激发大学生的学习兴趣和热情，更难以引导他们深入理解心理健康的重要性。借助新媒体平台进行心理健康教育，不仅能够打破传统教学的局限，还能显著提升教学效果。新媒体平台具有信息传播速度快、覆盖范围广的特点，能够迅速将心理健康知识传递给更多的大学生。借助"微信""抖音"等新媒体平台，我们可以对心理健康教育进行创新与拓展，使其更加符合大学生的学习习惯和兴趣特点。通过微信公众号或小程序，我们可以定期发布心理健康相关的文章、视频和音频等内容，使大学生能够随时随地获取心理健康知识。同时，我们还能利用微信的私信功能，为学生提供个性化的心理健康咨询服务，帮助他们解答心理困惑，解决心理问题。抖音作为一款短视频平台，其用户黏性和传播力极强。我们可以利

用抖音平台制作富有趣味性的心理健康教育短视频，通过生动形象的画面和幽默风趣的语言，吸引大学生的关注，让他们在轻松愉快的氛围中学习和成长。此外，我们还可以发起以心理健康为主题的短视频征集活动，鼓励学生积极参与，分享自己的心理健康故事和经验，从而增强他们的参与感和归属感。

（二）有利于提高大学生心理健康教育的吸引力

作为新时代的青年代表，大学生们怀揣着强烈的探索欲望与好奇心，热衷于尝试新鲜事物，追求个性化、多元化的生活体验。而新媒体平台以其独特的魅力，成为满足他们这一需求的理想场所，既为他们提供了丰富多样的信息内容，又为他们带来了便捷高效的服务体验。

在新媒体环境的熏陶下，大学生们能够随时随地获取各类信息，无论是娱乐资讯的轻松获取，还是学术领域的深入探索、生活技能的积累提升，新媒体平台都能为他们提供丰富的资源。鉴于新媒体在大学生群体中的广泛影响，将其应用于大学生心理健康教育教学领域具有巨大的发展空间和优势。通过新媒体平台进行大学生心理健康教育教学，不仅能够减轻课堂教育的压力，提高教学效率与质量，更能够让大学生们深刻感受到心理健康教育的价值与意义。

（三）有利于提高大学生在现实中的社会交往能力

在当前信息化社会，新媒体平台诸如"微信"与"微博"已成为大学生学习、生活及社交的重要载体。鼓励大学生善用新媒体平台进行学习，不仅有助于他们随时随地与亲朋好友保持紧密沟通，还能有效扩大其社交圈层，进而推动其实现自我价值。抖音等短视频平台也为大学生提供了展现自我的舞台。大学生可利用这些平台展示个人才艺、分享生活点滴，通过视频形式与同学进行互动交流。这种交流方式既锻炼了大学生的表达能力，又增强了其自信心。在新媒体平台上的互动与交流有助于弥补大学生在现实生活中可能缺失的获得感与成就感。通过在新媒体平台上发布内容并获得点赞、评论等反馈，大学生能够感受到自己的努力得到认可，从而激发其更多的学习动力。这种积极的反馈机制有助于培养大学生的自信心与责任感，使其更加勇敢地面对现实生活中的挑战。

第二章 大学生心理健康教育知识

本章讲述了大学生心理健康教育知识，包括大学生心理健康的表象、大学生常见心理健康问题与对策、大学生心理危机预防和疏导、大学生积极心理品质的培养等内容。

第一节 大学生心理健康的表象

一、大学生心理发展的特点

大学生正处于由青少年向成人过渡的关键阶段，此时期其生理与心理均呈现显著变化。因此，在进行心理健康教育时，必须深入理解并掌握其心理发展的特点。

（一）认知方面的特征

大学生在社会交往中不断拓宽视野，同时他们学习的内容和要求也日益复杂化。在这样的背景下，大学生的认知发展呈现出了一系列崭新的特点。这些特点不仅体现了他们思维方式的转变，更展现了他们独特的认知能力和精神风貌。

首先，大学生的思维从经验型向逻辑型转变，并在这一时期展现出鲜明的创造性。在知识和社会经验的积累下，他们能够熟练运用各种思维技能，从多个角度分析问题。他们善于将理论与实践相结合，运用新颖的方法解决问题，从而不断推动知识和技术的进步。其次，大学生的思维还表现出独立性。他们具备独立思考的能力，在面对问题时，他们不轻易盲从他人的观点，而是勇于发表个人的独立看法。这种独立思考的精神，使他们在学术研究和创新实践中能够摆脱传统观念的束缚。此外，大学生的思维还具备批判性。他们能够对所学知识和社会现象进行深入的分析和评价，发现其中的问题和不足。他们不仅能够关注表面的现象,更能够透过现象看本质,揭示事物的内在规律和联系。这种批判性精神,使他们在面对复杂问题时能够保持清醒的头脑,不被表面现象所迷惑。

(二)情绪发展方面的特征

需要作为个体内心活动的原动力,是情绪与情感产生的基石。对于身处过渡时期的大学生而言,他们的需要更是复杂多样。在社交层面,大学生渴望与他人建立联系,寻求友谊和爱情。在成就追求方面,大学生具有强烈的自我实现愿望。他们渴望在学业、社交、文体等方面取得优异的成绩,以证明自己的价值和能力。此外,大学生还有对真理、善良和美的追求。这些多元化的需求,使得大学生的情绪与情感体验变得尤为丰富且深刻。由于大学生在生理、心理和社会性方面等的多种需求之间难以取得平衡,因此他们的情绪和情感往往具有不稳定的特点。这种情绪的不稳定性,既反映了他们内心世界的丰富与复杂,也给他们带来了不少困扰和挑战。

(三)自我意识方面的特征

大学生们在校园环境中逐渐脱离了父母的呵护,开始了真正意义上的独立生活。这一转变不仅为他们带来了生活方式的改变,更深刻地影响了他们的心理成长。在这个过程中,大学生会有更强烈的独立意识和自我意识。他们开始更加注重对内心的分析与体验,思考自己的价值观、人生观以及未来的职业规划,这种内省式的思考有助于他们更好地认识自己。与此同时,大学生们更加渴望成为一个具有独特个性、优秀品质以及卓越能力的人,从而对自己抱有更理想化的期待。然而,现实自我与理想自我之间往往存在着较大的差距。如果不能正确认识自己,大学生们往往会过高估计自己的能力。他们可能会对自己的未来抱有过于乐观的期待,而忽视了现实中可能存在的挑战和困难。一旦遭遇挫折,他们可能会感到无法承受,进而产生自卑感。这种自卑感可能会对他们的自信心造成打击,影响他们在未来生活中的表现。

(四)人际交往方面的特征

当大学生刚刚步入大学校园时,他们往往怀揣着满心的期待与憧憬,希望在这个全新的环境中,能够找到属于自己的位置,得到他人的接纳与认可。然而，由于大学生们尚未完全成熟，自尊心又相对较强，他们担心自己的真实想法和情感会被他人误解或嘲笑，因此不愿意轻易向不了解自己的人吐露心声。这种心理在一定程度上阻碍了大学生们与他人的深入交往，使得他们难以建立起真正的友谊和信任关系。还有部分学生由于不善交际或遭遇交际失败，逐渐形成了孤傲、自闭、偏执等不良心理状态。这种自我封闭的状态不仅限制了他们的人际交往能力，还可能导致他们在面对问题时缺乏足够的支持和帮助，进一步加剧他们的心理健康问题。此外，随着大学生自我意识的不断发展和心理需求的日益增多，他们开始越来越意识到自己的心理特点与他人存在着差异。这种差异感可能来自性格、兴趣爱好、价值观等方面，使得大学生们在与他人交往时感到一定的困扰和挑战。他们可能会因此感到孤独、迷茫或不安，进一步影响他们的心理健康。

二、大学生心理健康的标准

大学生心理健康的标准也是一个众说纷纭的话题，鉴于研究者们心理视角和过往经验的多样性，他们对心理健康标准的界定呈现出显著的差异，结合大学生的角色特点，从心理构成的知、情、意等方面，概括出大学生心理健康的标准如下：

第一，智力健全，具备浓厚的学习兴趣和强烈的求知欲。智力健全是大学生学习和生活的基本条件，他们能够珍视学习机会，勇于面对挑战，积极体验学习的乐趣。

第二，情绪稳定，心境愉悦。情绪在心理健康中占据核心地位。心理健康的大学生能够保持愉悦、开朗、自信、满足的情绪状态，善于发掘生活中的乐趣，情绪稳定性强，具备有效调节情绪的能力。

第三，意志坚定，热爱并享受学习与生活。心理健康的大学生具备明确且合理的意志品质，自制力强，热爱并珍惜生活，积极投身学习，从中获得满足感和激励，不断积累知识经验。

第四，人格健全，善于自我接纳。心理健康的大学生拥有积极进取的人生观，能够感知自我价值，客观评价自身，实现人格构成要素的平衡发展。悦纳自己，既不应过于自负，去承担超出自己能力范围的工作，也不应过分自卑，轻易放弃可能带来成长和进步的机会，以免错失良机；自信乐观，生活目标与理想切合实际，不苛求自己，能扬长避短。

第五，人际关系和谐，适应力强。良好的人际交往是维护心理健康的重要条件。心理健康的大学生往往能主动地与老师、同学交往，保持相对稳定的人际关系。在人际交往中，我们更倾向于展现出积极的情感态度，如同情、友善、信任、尊重与理解，这些情感远超过消极的态度，诸如猜疑、嫉妒、畏惧或敌视等负面情绪。拥有出色的适应能力是心理健康的显著标志之一。心理健康状况良好的大学生能够与社会建立良好的互动关系，并能适时地调整自我需求，满足社会环境的变化。

第六，心理与行为符合大学生的年龄特征。心理健康的大学生具有与大多数同龄人一样的心理与行为特征。如果一个大学生的心理与行为经常与自己的年龄特征不符，这就意味着他们心理有问题。

三、当前我国大学生的心理健康现状及其测评工具

（一）我国大学生心理健康现状

学习及考试所引发的焦虑情绪在高校中普遍存在。高校所设立的部分评定、淘汰制度以及各类过级考试等，都给学生带来了一定的压力。部分学生长期处于紧张、压抑的状态，进而产生心理焦虑和困惑。面对环境的快速变化，部分大学生难以适应。从高中步入大学，生活和学习环境均发生了显著变化，社交活动和人际关系的复杂性也大幅增加，一些学生可能因此感到无所适从，由此影响到其学习和人际交往。社交障碍也是导致大学生心理忧虑的重要因素之一。大学生对爱和尊重的需求较大，然而，由于大学生之间有着不同的生活习惯和行为标准，因此在交往中往往容易产生矛盾，进而影响他们的心理健康。竞争和就业压力同样给大学生带来了恐慌。当前环境下，大学生面临着巨大的就业压力。这种压力往往会导致他们产生紧张、焦虑和恐惧感，使他们对未来发展充满担忧。此外，恋爱问题也是引发大学生苦闷情绪的一个重要原因。大学生心理尚不成熟且缺乏经验，容易将恋爱理想化，还容易冲动并简单化地处理问题，从而导致苦闷情绪的产生。最后，面对多方面的压力，部分大学生会对未来感到迷茫，缺乏自信，进而产生自卑心理，影响到其正常的学习和生活。

（二）常用的大学生心理健康测评工具

大学生心理健康的测量评价工具除了常用的症状自评量表（Symptom Checklist 90，简称 SCL-90）外，另有大学生人格问卷（University Personality Inventory，简称 UPI）、中国大学生心理健康量表、焦虑自评量表（Self-rating Anxiety Scale，简称 SAS）、自评抑郁量表（Self-rating Depression Scale，简称 SDS）、生活事件调查问卷等。此外，卡特尔 16 种人格因素问卷（Cattell's Sixteen Personality Factors Questionnaire，简称 16PF）、艾森克人格问卷（Eysenck Personality Questionnaire，简称 EPQ）、大五问卷（Big Five Questionnaire，简称 BFQ；Big Five Inventory，简称 BFI）和内隐联想测验（Implicit Association Test，简称 IAT）等也常被用于相关研究之中。以下择要介绍几个心理健康测评工具。

1. 大学生人格问卷

大学生人格问卷（UPI）是具有重要意义的调查工具，它有助于早期发现和干预大学生的心理问题。该问卷起源于 1966 年，经过日本大学心理咨询员和精神科医生的共同努力，该评估工具由全日本大学保健管理协会发起编制，经过数年的精心打磨与完善，该工具在评估大学生的心理健康状态方面发挥着重要作用。UPI 在编制过程中，充分考虑了大学生的特点和需求，注重实用性和可操作性。同时，该问卷还结合了心理学、医学等多个学科的理论和实践经验，确保了科学性和有效性。在实际应用中，UPI 已经得到了广泛的推广。许多高校都将该问卷作为新生入学时的必填项目，通过问卷的收集和分析，为学校心理健康教育提供了重要的数据支持。

UPI 结构严谨，内容全面。第一部分主要收集学生的基本情况，包括学生的个人信息、家庭情况、兴趣爱好、入学动机等。这些信息有助于在分析问卷结果时，更准确地把握学生的心理状态及其影响因素。第二部分是 UPI 的核心部分，由 60 个项目组成，涵盖多个方面。其中，有 4 个项目是测谎题，用于检验被测者的诚实程度，确保问卷结果的真实性和可靠性。其余 56 个项目则反映了学生的具体心理健康状况。第三部分是附加题，反映了大学生对其个人身心健康状况的整体评估，同时，还深入调查了被测者是否曾接受过心理咨询或心理治疗服务，并详细询问了其在此方面的具体要求。通过对这些信息的收集与分析，我们能够更加准确地把握被测者对自身心理问题的认知与态度，进而洞察他们对心理咨询和治疗服务的实际需求与期待。

2. 卡特尔16种人格因素问卷

美国伊利诺伊州立大学的卡特尔教授领导的团队，通过长期的系统观察和科学实验，运用因素分析的统计方法，精心开发出一种精确的人格测量工具——16PF。该测验能在大约45分钟内有效评估个体的16种主要人格特征。自1979年引入中国后，该测验经过CNKI科研诚信管理系统研究中心的专业修订，形成了更为适应本土文化的中文版。这16种人格特征，包括乐群性、聪慧性、稳定性、恃强性、兴奋性、有恒性、敢为性、敏感性、怀疑性、幻想性、世故性、忧虑性、实验性、独立性、自律性、紧张性，均独立存在，彼此间相关性极低，这使得对个体在某一人格维度上的评估更为清晰和独立，通过这些因素的不同组合，可以对个体的人格进行全面的综合评估。除了这16种基本人格因素，该量表还涵盖8种次级因素，即适应与焦虑性、内向与外向性、感情用事与安详机警性、怯懦与果敢性、心理健康者的人格因素、专业有成就者的人格因素、创造力强者的人格因素、在新环境中有成长能力的人格因素。

以上量表的作用和意义已被学术界广泛认可，其中的某些著名量表也被引进国内并进行了修订，但是适合中国人群使用的，能够为他们提供个性化心理评估服务并对心理健康进行多序列、多级别、多层面综合测评的，拥有自主知识产权的心理健康测评系统，却较为匮乏。

第二节　大学生常见心理健康问题与对策

处于成长关键期的大学生，其生理和心理都变得越来越成熟，同时对处于人生特定转折期的大学生而言，他们在这一过程中遭遇某些心理困扰是极其常见的现象。一般认为，大学生常见的心理健康问题体现在以下几个方面。

一、大学生活适应问题与对策

进入大学后，大学生们面临着诸多新的挑战与机遇。只有尽快适应当前环境下的生活、学习方式和人际交往关系，找到适合自己的角色定位，发挥个人优势，积极面对生活和学习中的挑战和困难，大学生们才能度过一个充实而精彩的大学生活。

(一)新生适应大学生活的过程与内容

大学新生需经历分离、过渡、融入三个阶段来适应大学生活。分离指的是大学生需要离开家庭和熟悉的人际关系；过渡是指大学生要从自然、社会和精神多个层面适应新环境，这一阶段的延续时间和状况直接影响融入结果，因此最为重要；融入是指大学生逐渐形成新的学习、生活方式和人际交往关系。

有学者将大学生的适应分为环境（自然环境、人际环境、语言环境）的适应、生活（生活自理能力、良好生活习惯、业余时间安排等）的适应、学习（学习环境、学习气氛、学习方法等）的适应、经济（市场经济、勤工助学等）的适应和心理（角色改变、重大打击和挫折等）的适应五个方面。

为了适应不断变化的外部环境，大学生需要积极调整自己的生活方式、行为模式和学习方法，培养独立解决问题的能力。这不仅包括学习技能、社交能力，还涉及日常生活的各个方面，如自我管理、饮食和住宿等。构建新的人际关系是新生面临的一大挑战，这既是环境变迁的必然需求，也是个人逐步成熟、向成年阶段过渡的关键步骤。在这一过程中，大学生需重新审视人际关系的核心要素，学习如何与性格各异的个体和谐相处，并掌握构建、维护和改善人际关系的有效策略。在新的社交环境中，新生的社会参照体系发生了显著变化。他们还面临着在新的社交圈中重新定义自我和塑造个人形象的任务。这种自我重塑应基于对自身的深入理解和公正评价，是一个贯穿整个大学生涯的过程，而入学适应只是这一过程的起点。

(二)影响新生适应大学生活的因素

1. 个体因素

个体因素作为塑造个体行为和心理状态的核心要素，其涵盖面广泛，包括但不限于个人的期望、应对机制以及自我认同的发展。

大学新生在入学之前往往会对丰富多彩的校园生活有一些憧憬，然而，当他们真正踏入大学校园时，可能会发现现实与期待之间存在较大的差距。这种差距可能来自课程设置的难度、同学关系的复杂性、生活节奏的快速变化等方面。当理想的期待与现实生活产生冲突时，新生们往往会感到迷茫、失落甚至焦虑，这成为他们难以适应新生活的一个重要因素。应对策略是指个体在面对压力和挑战时所采取的认知和行为反应，有效的应对策略能够帮助个体维持心理平衡，减少忧郁和压力。对大学新生而言，他们可能会面临来自学业、人际关系、生活自理等多方面的压力和挑战。这时良好的应对策略不仅能够帮助他们解决问题，还能够提升他们的适应能力。在个体发展的过程中，逐渐建立起一套独特的应对策略和习惯性行为，这些行为模式旨在帮助他们有效应对未来可能出现的压力情境。对大学生而言，他们各自独特的应对机制是他们适应环境变化和压力的关键。这些应对策略的有效性直接关系到他们适应大学生活所需时间的长短。

2. 环境因素

环境因素涉及家庭、社会支持系统和居住地环境等。研究发现，平等民主的亲子关系有助于新生更好地适应大学新环境。这种关系表现为父母与孩子平等、相互尊重、开诚布公地交流。社会支持，特别是家庭支持，对新生适应大学生活至关重要。此外，当大学生的居住地与大学所在地不同时，地域之间的文化、饮食习惯等差异也是影响新生适应性的因素之一。

（三）新生适应大学生活的主要对策

（1）协助新生迅速适应并深入了解校园环境，以便他们能够更快地融入大学生活。

（2）指导学生建立健康的生活习惯，平衡学习、体育锻炼，以及追求个人的兴趣和爱好。

（3）通过多样化的方式，增进学生对自身专业的认识和理解，为专业学习打下坚实的基础。

（4）鼓励学生自主规划其大学生活及未来的职业道路，并思考未来的职业发展路径。

（5）举办多主题的集体活动，邀请新生、教师和学长学姐参与，以帮助新生构建社交网络。

（6）实施团体辅导项目，为新生提供必要的心理安全感和情感支持，帮助他们更好地适应新环境。

（7）向新生提供获取有效帮助的多元化途径，如校内心理咨询服务等，以确保其心理健康与成长。

二、人际交往问题与对策

人际交往作为人类社会中一种普遍存在的现象，其重要性不言而喻。在人际交往中，人们通过语言、表情、动作等多种方式，传递信息、表达情感、分享经验，从而建立起各种复杂的人际关系。在学生的学习生活中，人际交往更是扮演着举足轻重的角色。良好的人际交往能力有助于学生更好地融入集体，提升学生的沟通、合作、协调等能力，使学生更加自信、开朗、积极乐观。

（一）人际交往问题的类型

1. 交往单一性

大学生人际关系的构建与拓展对个人的成长与发展至关重要。然而，有些人却表现出一种交往单一性，这种现象往往是受个体心理特质、性格特点以及成长环境等多重因素的综合影响而产生的。有的学生只与本班级或本宿舍的同学交往；部分学生由于个人性格、心理等原因，只愿与同性朋友交往；还有的学生由于与老乡有相同的背景及地缘关系，只愿与之交往，以上种种现象都是大学生人际交往圈子单一的表现。

2. 交往功利性

人际交往，作为人类社会中不可或缺的一环，其背后蕴藏着丰富而复杂的动机与需求。每个人在与人交往的过程中，都或多或少地带有自己的目的和期望，希望通过这样的互动来提升自己的能力、丰富自己的经验或实现某些个人目标。但是，当我们在交往中过度关注个人愿望和利益的实现，甚至将其视为交往的唯一标准时，很容易陷入功利主义的泥沼。对于当代大学生而言，他们正处于一个充满竞争与挑战的年龄段。除了学习上的激烈竞争，各种涉及个人荣誉和前途的事务也成为他们关注的焦点。在这样的背景下，一些学生开始采用一些不良手段开展"交际工作"，以期达到自己的目的。

3. 社交恐惧症

在人际交往中，许多同学常会感到恐惧或不安，这种情绪的产生源于多重因素。一方面，有些同学可能认为自己的交际能力尚显不足，难以在纷繁复杂的人际网络中自如应对；另一方面，面对当今社会人心的复杂多变，他们可能感到忧虑，因此会有一定的言语保留，以避免陷入不必要的纷扰之中。此外，还有的同学由于性格内向、害羞，害怕遭到他人的拒绝或嘲笑，因此在与他人交往时总是显得小心翼翼，难以展现出真实的自我。若这种恐惧心理得不到及时的调适，将可能进一步加剧同学们在人际交往中的困难。他们可能会逐渐变得孤僻，难以融入集体，进而对学习和生活产生不良影响。

（二）人际交往问题的原因分析

1. 主观原因

（1）认知原因

人际交往的认知是一个复杂且多维的过程，它涵盖了对自己的认知、对他人的认知以及对交往本身的认知三个核心方面。这三个方面相互交织，共同塑造着我们的交往行为和态度。无法正确认识自己和他人，都会在人际交往中产生问题。过高地评价自己，往往会使人认为自己总是正确的，而对他人的意见不屑一顾。相反，过低地评价自己，则会使人自卑，害怕在交往中被拒绝或嘲笑，从而在人际交往过程中畏畏缩缩，不敢表达自己的观点和想法。此外，对人际交往本身的认知也至关重要。交往是相互的，需要双方共同参与和投入。如果我们无法正确认识这一点，就可能导致我们在交往中过于关注某一方的需求，而忽略了另一方的感受和需求。这种不平衡的交往关系往往难以持久，甚至可能引发矛盾和冲突。首因效应、近因效应、晕轮效应和刻板印象都会影响大学生人际交往，使他们产生认知上的偏见。

（2）情绪原因

在人际交往中，个体的情绪反应尤为重要，理性的情绪反应有助于我们在人际交往中保持平衡，避免因情绪失控而引发不必要的冲突和误会。一个理性的情绪反应应当展现适度的特质，它要与触发情绪的原因和当前的具体情境相吻合，这要求个体必须具备随着客观环境变化而灵活适应和调整的能力。对于大学生这一特殊群体来说，由于他们正处于青春期向成年期的过渡阶段，情感丰富、心境易变是普遍存在的现象。有时，他们可能会因为对人对事过于敏感而陷入情绪的波动之中。在这种情况下，他们可能会基于瞬间的喜好或厌恶来调整对他人的看法，这种做法可能导致人际关系的不稳定，进而引发多种负面情绪，造成交往障碍。

（3）人格原因

人格作为个体心理特点的总和，在人际交往中扮演着重要的角色。每个人的人格特征都是独一无二的,包括个体的气质、性格、情感反应以及行为方式等多方面的因素,正是这些不同的特征使得我们每一个人都显得如此独特。在人际交往中,有时候我们可能会因为对他人的人格特征缺乏了解或者误解,而产生不必要的冲突和矛盾。当个体的人格存在不健全的情况时,这种冲突和矛盾往往会更加显著。不健全的人格可能让个体在情感、认知和行为等方面表现出异常,从而影响他们与他人的交往。人格作为个体心理特点的总和,在人际交往中扮演着重要的角色。我们需要更加深入地了解和研究人格的特点和影响因素,以便更好地应对人格差异带来的挑战,促进人与人之间的和谐交往。同时,我们也应该注重培养健全的人格,为个体的全面发展和社会和谐稳定作出贡献。

(4)能力原因

人际交往作为人类社会中不可或缺的一环,是一种需要不断磨砺与提升的技能。在人际互动中,个人不仅要熟知基本的交际准则,还应该精通多样的沟通技巧与策略,从而能够更高效、精准地进行自我表达与深度沟通。然而,在现实生活中,由于种种原因,部分大学生在人际交往方面显得力不从心,从而导致他们在交友过程中屡屡受挫,甚至逐渐出现人际交往障碍等问题。

2. 客观原因

(1)家庭教养方式不当

一方面,在当今社会,大多数大学生是独生子女,他们在家庭中往往备受宠爱。这种溺爱的教育方式,使得许多大学生在成长过程中形成了以自我为中心的思维模式。他们往往只关注自己的利益和需要,忽略他人的感受和需求。在团队合作或集体活动中,他们可能会因为自己的利益与团队利益发生冲突而选择退缩或逃避。这种以自我为中心的心态,使得大学生在集体生活中难以融入其中,难以获得他人的认同和尊重。

另一方面,有些家庭的父母因为忙于工作,抽不出足够的时间来照顾和教育孩子。他们往往缺乏与孩子的交流,导致孩子缺乏家庭温暖和关爱。这种缺乏关爱和陪伴的环境,使得这些孩子容易产生自卑和孤僻的心理,从而影响人际交往。

(2)社会不良风气影响

在经济迅猛发展的时代背景下,当今社会逐渐出现了一系列复杂且引人深思的社会现象。其中,"功利性""个人主义"以及"潜规则"等问题尤为突出,它们不仅对整体社会风气造成了不良影响，更在一定程度上对大学生的处事行为和心态产生了消极作用。同时，随着互联网的普及和发展，各类信息纷繁复杂，其中不乏负面、虚假甚至违法的内容。这些不良信息和行为往往具有极强的吸引力，可能会诱导大学生误入歧途，对其成长造成不利影响。

（3）应试教育下的技巧缺失

在应试教育模式的笼罩下，学生们的生活重心往往被锁定在对成绩、分数的追求上，而忽视了交往、实践以及综合能力的提升。这种现象在当今社会中愈发普遍，值得我们深思。这种应试教育模式下的学生往往心理素质不够健全。他们过分关注成绩和排名，容易因为一次考试的失误而陷入自责和焦虑之中。这种心理状态不仅影响了他们的学习效率和身心健康，还可能导致他们在面对挫折和困难时缺乏应对能力。缺乏交往实践经验使得学生们在日后的人际交往过程中显得笨拙，还会导致他们在团队合作、社会交往等方面困难重重，甚至影响他们的职业发展。

（三）改善大学生人际交往的主要对策

从学校层面审视，提升大学生的人际交往能力无疑是素质教育工作的核心要点。为此，我们需要设置一系列相关课程或开办相关讲座，以使学生系统掌握人际交往的基本理论和社交礼仪知识。同时，高校教师应积极与学生展开互动交流，为他们提供丰富的实践机会，使他们在实践中深刻体验交往成功的喜悦。

从个人层面而言，大学生应在深入学习交际理论的基础上，勇于付诸实践。大学生要努力塑造健全的人格，培养积极向上的心理品质，主动拓展社交圈子，与他人建立广泛联系。面对外部环境的挑战，大学生不应自我封闭，而应敢于表达自我、展示才华。我们鼓励大学生塑造良好的个人形象，确立明确的交往原则，并不断提升自身的表达能力和解决矛盾冲突的能力，以维护和谐的人际关系。

三、专业学习问题与对策

（一）学习问题的表现

1. 出现逃课现象

"一项权威调查显示，高校专业课逃课率在20%左右，基础课的逃课率在

25%以上，至于哲学等公共课则高达50%。逃课成了'必修课'，必修课成了选修课，选修课相当于没课——在大学校园里流行的这句话成为一些大学生的真实写照。面对如此普遍的逃课现象，各种各样的考勤方式应运而生却也面临尴尬。"[1]

2. 不喜欢本专业

学生这山望着那山高，不爱本校爱他校，不爱本专业爱他专业。所谓学中文的不会写文章，学电脑的不会上网，学外语的不会讲洋话，学医的不会开处方。

3. 差生综合征

在学习过程中，学生可能会对学习环境产生抵触，如对教室、教师、教材和考试感到厌烦。这种心理状态往往是不健康的，它会导致他们在学业上缺乏明确的理想和目标，动力不足，更倾向于敷衍应对而非积极投入。

4. 学习风气淡化

学习风气淡化表现为学生将大量的时间用于学习以外的事情上，如上网、谈恋爱、赚钱等。

（二）影响学习问题的因素

1. 学校因素

近年来，我国高等教育在不断发展壮大，为社会培养了大批优秀人才。然而，随着时代的变迁和科技的进步，我国的高等教育逐渐显露出一些问题，部分学校的专业结构、培养目标、教学内容和课程体系等仍然沿用传统模式，没有根据社会对人才的需求进行相应的调整，导致许多高校毕业生难以适应市场的需要。除此之外，一些高校的学术氛围不够浓厚，缺乏深入的学术研究和探讨，校园文化活动单一，缺乏创新和多样性，无法满足学生的精神文化需求。

2. 家庭原因

父母的高期望值与孩子的实际差距太大，孩子因心理压力太大而产生焦虑；家庭不良环境使孩子心理扭曲；父母重利轻智；家庭挫折影响孩子性格，导致孩子产生自卑心理。

3. 自身原因

大学生丧失了好奇心和求知欲。上大学感觉无收获，目标迷茫，缺乏动力。

---

[1] 百度. 毛概课程调研报告 [EB/OL].（2021-4-4）[2023-12-28].https://www.cnrencai.com/diaoyanbaogao/1037654.html.

(三)学习问题的主要解决对策

1. 培养大学生自学能力和自学习惯

在大学学习的自主性环境下,自学能力的培养显得尤为重要。正如钱伟长所说:"一个人在大学四年里,能不能养成自学的习惯,不但在很大程度上决定了他能否学好大学的课程,把知识真正学通学活,而且影响到大学毕业以后,能否不断地吸收新的知识,进行创造性的工作,为国家作出更大的贡献。"① 网络迅速发展的时代,知识更新的速度日益加快,人类的知识总量以每三年增长一倍的惊人速度增长,学生在大学期间若未能培养出自学的能力,就难以跟上时代的步伐,无法适应快速变化的职业和技术创新要求。这就会造成即使他们毕业,也终将一事无成。培养和提高自学能力的关键是要在学习态度上实现由"要我学"变成"我要学",充分发挥学习的自主性。

2. 指导大学生掌握科学的学习方法

大学生要注意研究学习规律,掌握不同学科的特点和基本的学习方法。大学生学习贵在独立思考、真正理解和掌握知识,并能够迁移和运用知识解决实际问题;同时要有批判精神,不满足现成答案,敢于提出问题,多问几个为什么,并在此基础上学会创新知识,勇于标新立异,当然要言之有理、立之有据。什么是最好的学习方法?适合自己的就是最好的。为此,高校要引导大学生结合自身特点,让他们摸索出行之有效的学习方法。

3. 引导大学生充分利用现代化学习资源

要培养大学生利用现代化学习资源进行独立学习与研究的能力,例如:引导大学生自主搜集文献,进行广泛学习;强化大学生的研究意识和课题意识;培养他们的资源利用意识,使他们能有效利用图书馆和互联网资源,帮助他们完成自己的科研目标。

4. 指导大学生注重理论与实践的结合

大学生学习的目的最重要的是学会做人和做事,即做一个有良知的社会化的人,做有益于社会的事。因此,高校要引导和强化大学生善于将各学科的知识、理论、方法与具体的实践、应用相结合。这样做不仅可以提升知识价值,而且有

---

① 中国职业培训网.大学除了学习专业知识,你还应该掌握的四个技能,你做到了吗 [EB/OL].(2018-9-27)[2023-12-28].https://baijiahao.baidu.com/s?id=1612644111382306252&wfr=spider&for=pc.

助于他们将学到的知识融会贯通,更深入地理解知识体系,从而深刻地掌握知识。作为某项研究课题或项目负责人的大学老师要尽可能使大学生参与课题研究,也要适当鼓励大学生在不影响学业的前提下,走出校门勤工俭学或从事有益社会的志愿活动,增加实践机会。

四、贫困大学生心理问题与对策

(一)贫困大学生的消极心理

1. 自卑、敏感

自卑心理多源于个体对自我价值的过度否定,这种情绪状态在贫困大学生中尤为常见。贫困大学生在城市求学的过程中,不仅要面临学业上的压力,还要承受来自家庭、社会等多方面的期望与压力。他们常常会因为自己的经济状况而感到自卑,担心被同学和老师看不起,因此极力维护自己的尊严。然而,这种强烈的自尊心又常常让他们变得敏感多疑,对别人的言行举止过于在意,生怕受到讥讽和羞辱。

2. 孤僻、封闭

在现代社会,随着高等教育的普及,越来越多的贫困大学生踏入了大学的校门。然而,对于这些贫困大学生来说,经济拮据使他们无法变得自信,常常感到自己无法融入城市生活,从而产生强烈的自卑感。这种自卑感导致他们在与他人的交往中显得孤僻少言。他们害怕在众人面前展示自己的不足,因此很少主动与他人交流。即使有机会参与集体活动,他们也往往选择逃避,疏于表现自己,这种消极的态度使得他们的潜能无法得到充分发挥。由于受成长环境的影响,贫困学生的综合能力往往会有所欠缺,导致他们难以在竞争中脱颖而出,这加剧了他们的无力感。

3. 焦虑、厌烦

贫困大学生在求学的道路上往往面临着诸多挑战。他们不仅要应对繁重的学习任务,还要为生计奔波,这使得他们常常陷入无法专心学习的困境中。由于家庭经济条件的限制,他们时常为衣食学费发愁,这严重影响了他们的学习状态。在贫困大学生群体中,有一部分人因为经济压力而不得不选择放弃部分学业,转而投身校外打工或经商；还有一部人总是刻意隐藏自己的家庭背景，无法坦然面对自己的困境，导致他们在与同学相处时产生自卑心理，整日郁郁寡欢。经济压力和心理负担使贫困大学生的学业难免受到影响，他们为此感到深深焦虑、痛苦和厌烦。

（二）贫困大学生心理问题的原因分析

1. 根本原因——家庭经济贫困

存在决定意识。与经济条件优越的大学生相比，家庭经济贫困的大学生必然会产生心理上的落差。这是导致贫困大学生心理问题的客观前提。一些贫困大学生展现出了坚忍不拔的精神风貌，他们致力于学业，勤勉刻苦，以期获得认可与支持，进而获得奖学金和助学金。部分同学更是充分利用课余时间参与勤工俭学，以减轻家庭的经济负担。然而，仍有部分贫困生在面对现实生活中的种种挑战时，常常陷入深深的矛盾与挣扎之中。他们时常受到当下消费热点的影响而产生消费欲望，却无法得到满足，从而导致自尊心受到一定程度的伤害。这种现状不仅给他们带来了苦闷与烦恼，更在一定程度上影响了他们的个性发展和人格塑造，产生了负向的影响。

2. 外在诱因——不良社会文化的影响

在当前市场经济的大背景下，金钱与物质利益逐渐成为众多社会成员追求的目标，这一趋势亦催生了一些极端的金钱观和价值观。对于贫困大学生群体而言，他们更易受到此类不良文化的影响。贫困大学生往往承受着沉重的经济压力与生活压力，他们怀揣着通过个人努力改变命运的愿望。然而，在与周围同学的相处中，他们可能会发现自己在经济条件、消费水平及生活品质等方面与那些家境优越的同学存在差距。这种差距往往使贫困大学生深感自卑，进而产生心理失衡。这种心理失衡对贫困大学生的自主、自强、自信、自尊等心理品质的培育造成了极大的负面影响。他们可能会因此陷入自卑、消极的情绪之中。

3. 内在原因——心理不健康

"穷则思变。"辩证地看，贫穷以及对贫穷现状的不满也可以成为人们奋发向上的动力，能培养人们自强不息的顽强个性。面对贫穷，心理健康的大学生会保持阳光心态，以积极的态度改变现状；而一些贫困大学生由于认知偏颇，眼里只盯着"穷"，却没有想到"穷"也是一种可以充分利用的资源。在现实中，部分贫困大学生由于多方面的限制，往往自我认知水平较低，这导致他们在自我评价时难以准确判断自身的能力和价值。这种不准确的自我评价容易引发一系列心理问题，如自卑、焦虑、抑郁等，对他们的心理健康造成负面影响。

（三）贫困大学生心理问题的主要解决对策

1. 积极开展心理健康教育和心理咨询活动

丰富多样的心理健康教育和心理咨询活动可以帮助全体大学生掌握更多的心理健康知识。心理健康教育能够让大学生认识到每个人都有自己独特的成长轨迹和经历，贫困并不是一种耻辱，而是一种挑战和机会。高校应引导他们学会尊重和理解他人的差异，以平等、包容的心态看待周围的人和事。同时，高校也可以帮助贫困大学生更好地认识自己的内心世界，学会应对各种负面情绪和困扰，帮助他们更加科学地运用心理防御机制，缓解压力和焦虑。

2. 引导大学生树立正确的贫困观

针对贫困大学生所展现出的性格特征和心理状态，高校应进一步强化思想教育力度，引导他们构建健康向上的人生观和价值观，鼓励他们以积极乐观的心态应对未来的各种挑战。在教育过程中，高校应注重培养他们理性看待贫穷的态度，消除依赖心理，激发他们自强自立的精神，正确看待社会贫富差距现象。为实现这一目标，高校将采取多样化的教育形式和引导方法，帮助他们树立坚定的信心，让他们勇敢地走出困境，迈向更加美好的未来。

3. 营造良好的校园文化氛围

针对贫困大学生心理问题，高校应努力营造一种充满理解、尊重与关怀的校园文化氛围。首先，高校应倡导勤俭节约的传统美德，反对不良消费观念和风气。其次，高校要积极组织一系列内容丰富、形式多样且具有特色的文体活动，让贫困大学生深切感受到集体的温暖与关爱。

4. 完善对贫困大学生的资助体系

高校应加强贫困大学生资助工作的制度化建设，确保他们能够顺利完成学业，实现自我价值。具体而言，高校需强化"奖、贷、助、补、减、免"政策的落实力度。在实施这些政策时，高校应秉持公平、公开、公正的原则，坚决杜绝任何形式的歧视与偏袒现象。同时，高校还应紧密关注贫困大学生的实际需求，持续调整和优化政策内容，以提升政策的实效性和针对性。此外，高校应设立专门的助学机构,专职负责贫困大学生资助工作的具体实施。这些机构应配备具备专业知识和丰富经验的专职工作人员,充分且有效地利用国家针对贫困大学生的优惠政策和救助措施。助学机构还需与相关部门保持密切沟通与协作,及时掌握政策最新动态,为贫困大学生提供及时、有效的援助与支持。

五、网络心理问题与对策

(一)网络心理问题的表现

1. 网络迷恋

网络迷恋源于逃避现实的心理,会导致大学生社会责任感降低、自我迷失和人际交往障碍等问题,进而使大学生产生非理性甚至反社会行为。网络迷恋主要表现在生理和心理两个层面,迷恋网络的大学生如果不上网就会情绪低落、疲乏无力、外表憔悴、茫然失措。部分网络迷恋的学生很难合理控制自己的上网时间,甚至不惜支付巨额费用来获得上网的乐趣。

2. 网络恐惧

部分来自经济落后地区的大学生可能无法熟练使用互联网,进入大学后,面对多样的网络界面和周围同学熟练操作的情形,他们会感到害怕和迷茫,担心自己学不会或学不好计算机操作。当然一些对网络较熟悉的大学生也有可能因为担心跟不上网络发展,怕被淘汰而产生迷茫和畏惧感。

3. 网恋综合征

恋爱关系所诱发的心理困扰在大学生群体中一直较为显著。当今社会,在新媒体平台构建的虚拟环境中,个体的真实姓名、性别等身份标识得以隐藏,大学生的选择范围也变得更广泛,因此网络恋爱所引发的心理问题更加复杂、严峻及难以处理。

4. 自我认同混乱

青年期被视作自我塑造的黄金阶段,对于大学生而言,他们需要通过现实人际交往的磨砺来深化自我认知、推动自我成长,并最终实现自我完善。一方面,网络世界的匿名性和虚拟性导致真实自我在一定程度上"隐退",容易使人忽视现实生活中的道德规范,对个人的价值观产生潜在的负面影响;另一方面,大学生在网络中构建的自我形象往往是虚拟的,他们的情感交流也往往缺乏节制,缺乏真实生活中的参照物和具体事件的支撑。因此，网络自我的虚拟性无疑增加了大学生在自我认知过程中的难度，使得他们难以获得准确、全面的自我认识，难以客观而准确地认识和评价自己，更难以融入集体和社会。

5. 网络双重人格

网络双重人格是指个体在网络与现实中的表现差距较大，甚至截然不同。网络的虚拟性方便人们展示内心隐私，塑造虚拟的自我，这就会导致人们形成双重人格，影响现实生活的人际交往，可能产生对人冷漠、虚假以及孤独、苦闷、焦虑、压抑等心理问题。而对于本就性格内向或不善交往的大学生来说，网络交际可以让他们逃避现实交往，长此以往他们易产生心理自闭倾向。

6. 网络成瘾综合征

长时间沉浸于网络环境中，会导致大脑神经中枢长时间保持过度活跃的状态，这种状态可能引起肾上腺素水平的异常升高，以及交感神经系统的过度活跃，导致血压的上升。生理变化会进一步干扰神经系统的正常功能，导致神经功能紊乱，并引发激素分泌的失衡，最终削弱人体的免疫防御机制，降低整体免疫功能。因此长时间上网容易诱发心血管和胃肠疾病。此外，长时间注视电脑屏幕还会消耗视网膜上的感光物质，若未能及时补充相关营养素，将可能导致视力下降及其他眼部问题的发生。所有这些症状可以统称为互联网络成瘾综合征。其主要症状有：上网后精神极度亢奋，行为不能自制；对现实生活无兴趣；不上网时手指会不停地运动，严重时全身打战、痉挛、摔毁器物；有人因陷得太深而不能自拔，最终走向歧途。

（二）网络心理问题的主要解决对策

网络为大学生的学习生活等诸方面都带来了积极的影响，但需要注意的是，部分大学生在一定程度上表现出了各种不同的网络心理问题，对日常的学习生活产生了负面影响。这就要求高校心理健康教育工作者密切关注并高度重视大学生的网络心理教育问题，争取全面把握大学生的心理动态和变化规律，积极主动采取各种有效措施，培养大学生积极健康的网络心理。

1. 建设并完善大学生网络教育体系和法治道德教育体系

（1）全方位多角度建立高校网络心理教育系统

要培养大学生形成健康的网络心理，首先，要加强思想政治教育工作，强化心理健康教育工作者信息素养的培养并不断丰富他们的网络知识。在网络信息时代，我们的教育工作者必须具有获取、传递网络信息的能力，敏锐的网络信息应用意识，以及健康的网络心理和崇高的信息道德，这些是网络心理教育工作者有效开展工作的先决条件，也是培养高信息素质大学生的前提。同时应将多种教育结合起来，建立一支由大学辅导员、学生干部、学生社团骨干、"两课"教师、网络中心教师等组成的网络行为教育和管理队伍，实时关注大学生的网络关注热点，引导网络舆论。

其次，要大力加强网络建设，将大学生的上网场所由网吧转移到校园机房。研究表明，大学生长时间去网吧会导致不良的后果，网络心理教育工作者将错失加强大学生网络心理健康教育的良机。网吧存在着大量不良信息和威胁大学生身心健康的社会隐患，为此，高校应该积极加强校园网络建设，加强网络信息安全性监管，积极促进优秀的传统文化和先进文化的网络传播，丰富校园网络内容，将大学生的网络场所转移到校园中，从而从源头上净化网络，避免"有害数据"的输入，防止网络不良行为问题的出现。

最后，优化网络心理教育环境，丰富网络心理教育活动。大学生上网的主要目的集中在获取信息、学习知识、休闲娱乐等，因而高校可以针对大学生主流网络兴趣，开展各种有益的活动，建设属于大学生群体的网络专属地带，引导和规范网络行为。日常生活中，网络心理教育活动的开展一般应遵循一些基本的原则，如"活动"与"教育"和谐统一的原则，密切结合教育目的，选择健康文明的、有鲜明思想性的教育活动；活动形式创新性原则，教育活动要注意结合大学生心理发展特点，不断变换活动形式；精心组织活动，活动开始前明确活动目的和具体的活动内容，活动中积极启发大学生朝着既定的教育目标发展，活动结束后积极总结，对活动结果进行巩固、深化；网络环境优化原则，让大学生积极置身其中，获得积极的情感体验。

（2）加强大学生网络心理的援助体系建设

现代网络信息技术的迅猛发展，一方面出现了一大批大学生网民，并使其中一部分同学出现了不同程度的网络心理问题，另一方面也给大学生心理健康教育提供了广阔空间和新阵地。高校可以充分利用校园网络的优势，积极开辟网络心理教育专栏，不断加大网络心理援助力度，充分发挥大学生在网络心理教育中的互帮互助作用。

首先，要建立网络心理教育培训体系。网络心理教育平台的建立，最大的优势是使大学生平等参与，畅所欲言，不受权威限制，在互相尊重的前提下彼此交流，不分优劣，获得内心体验的共鸣。网络心理教育还具有共享性，可以多人参与，而不限于来访者和咨询师的既定角色，也不受时空限制，只要进入网络平台，就可以随时随地交流体验，解决问题。另外，网络的匿名性特点也可以再次发挥巨大作用，使产生网络心理问题的大学生能够摆脱思想束缚，尽情吐露内心的困惑苦闷，突破了面对面咨询的局限。

其次，要建立网络心理互助体系。随着网络的不断发展，大学生网络心理问题日益突出，大学生网络心理的健康教育备受社会各界关注。大学生主体意识、互动意识在现代教育中的地位越来越重要，而在网络心理问题的解决中，也可以充分发挥大学生主动互助的热情，构建大学生网络心理互助体系，强化健康网络行为的自觉性，增强自我教育意识。大学生彼此的境遇、需要、地位等都比较相似，心理相通，也更容易交流沟通，彼此接纳。网络心理互助体系的建立，可以充分调动大学生的主动性、自觉性，增强网络心理教育的实效性，促进助人、自助，也有利于大学生自身心理健康水平的提高和助人为乐良好品质的培养。

再次，构建网络心理互助联盟。大学生网络心理问题的解决，不能仅靠高校心理健康教育、思想政治教育工作者和大学生自身的努力，还要充分整合家庭、高校、朋辈等多方面的力量，构建网络心理互助的多级互动联盟，为大学生提供尽可能多的社会支持系统，既促进网络心理问题的解决，同时也提高大学生心理素质，完善他们的心理品格。以学生为中心，改革传统的管理机制，全面运用大学生网络心理自助平台、心理服务热线、心灵信箱和在线聊天室等多样化的交流渠道，旨在激发大学生、高校教育工作者、家长、同伴以及社会热心人士的参与积极性，从而共同构建一个全面、稳定的社会支持网络和心理互助体系，确保每一位学生在心理健康方面都能得到充分的关怀与支持。

通过对当前情况的深入分析，我们认识到，要有效地推进大学生网络心理教育领域的研究与发展，不仅需要投入显著的资源，包括人力资源、经济支持和物质基础，而且需要家庭、教育机构以及社会各界的广泛参与和通力合作。面对新时代网络技术的迅猛发展和广泛应用，大学生应当具备高度的自觉性和敏锐性，学会科学合理地甄别、筛选与运用信息，明辨是非，保持自律，进而有效掌握网络技术，为在未来的激烈竞争中立足奠定坚实基础。

（3）加强网络道德教育和法治教育，增强大学生网络自律意识

首先，我们应持续强化网络道德教育的重要性。网络环境的开放性和虚拟性为大学生带来了前所未有的自由，但同时也暴露出了部分学生在网络道德方面的不足，表现出一系列不良行为，缺乏对自身行为的责任感。因此，为提升大学生的自我约束能力和道德判断力，加强网络道德教育刻不容缓。鉴于网络的虚拟性和匿名性特点给传统监管手段带来的挑战，我们需要积极建立网络道德规范，引导学生自觉抵制诱惑，培养他们自我审视的能力；鼓励学生遵循社会价值和规范，积极地筛选和应对网络信息，实现个人与社会的和谐发展。

其次，严格贯彻落实网络法治教育。当前大学生网络犯罪现象频发，其背后反映出的是法律意识的薄弱，许多学生触犯了法律却浑然不觉。因此，各高校必须采取切实有效的措施，以强化大学生网民的法律自觉和自律意识。通过引入真实案例和系统的法律知识教育，可以促使学生主动遵守法律法规，规范学生的网络行为。此外，为提高法治教育的针对性和实效性，高校应创新教育方式，运用多样化的教学方法，使法律观念深入人心，进而在网络环境中实现规章制度、道德规范、文化氛围和生活理念的和谐统一。

2. 融合心理学原理和知识进行网络心理健康教育

为了有效推进网络心理辅导工作，我们需要积极学习科学心理知识与先进辅导策略，紧密结合大学生的心理成长轨迹，以积极、投入的态度，采用多元化的心理辅导理念和技术，促进大学生建立健康的网络心理状态，预防大学生网络心理问题的产生。相较于其他心理困扰，网络心理问题作为新兴领域，其研究及治疗方法尚处于初级阶段。因此，我们将积极探索并借鉴其他心理问题的应对策略，以期在网络心理问题的防治上取得突破。

（1）传统心理咨询疗法对网络心理问题辅导的启示

第一，行为疗法的启示。行为疗法以行为主义理论为基础，又称脱敏疗法。该理论认为，个体心理问题和异常行为的出现，是在日常生活中不断重复并通过强化导致的。这些非常态的心理行为与正常行为的核心差异在于其不适应性。解决方案涉及对个体所处环境的适当调整，并结合行为"重塑"的策略，逐步将不适应的行为导向正常化。在心理治疗领域，有多种方法被广泛应用于促进这一转

变，其中包括系统脱敏疗法、角色扮演以及厌恶疗法等。当前，一些心理咨询与治疗机构正积极采用厌恶疗法，以应对日益严峻的网络成瘾问题，助力个体回归健康的生活模式。

第二，精神分析疗法的启示。该法是由奥地利精神病学家弗洛伊德创立的精神分析疗法，其核心观点在于，个体的心理行为异常并非简单的表面现象，而是源于早期心理创伤的阴影或是潜意识中被压制的情感反应。解决这类心理问题，需要透过心理阻抗，揭示潜意识的矛盾，将问题本质明朗化，从而消除症状的支撑基础，实现问题的外在化和使其自然消解。常见的精神分析疗法涵盖催眠、释梦、自由联想、阐释和移情等多种手段。按照精神分析的理论框架，大学生的网络心理问题其实可以追溯到其成长过程中的口唇期。在这一阶段，幼儿获得了来自他人的温暖、安全和关怀，这些情感体验深深地烙印在他们的潜意识中。网络环境的互动性、匿名性与开放性特质，可能触发这些深藏的情感需求，导致在现实挑战面前，个体倾向于逃避至网络世界，从而引发不健康的网络关系、网络成瘾等问题。

第三，认知疗法的启示。以认知心理学理论为支撑的认知疗法，主张个体异常心理状态的根源在于其对外部事件的认知方式。当个体对现实世界持有错误或非理性的认知时，便可能引发心理障碍。在此情境下，心理咨询的核心任务是协助来访者审视并调整自身的认知结构，努力转变原有的扭曲思维模式，代之以更加积极、健康的认知方式，改善行为模式，从而提升心理健康水平。在认知疗法中，合理情绪疗法是被广泛应用的一种方法。在网络心理问题的咨询实践中，一些心理学家已经开始尝试应用认知行为疗法，并取得了积极成果。例如，焦点解决疗法、基于多重模式理论的方法以及一次单元咨询模式等，这些技术均为网络心理咨询的有效尝试和探索，为处理网络环境下的心理问题提供了新的视角和策略。

第四，人本主义疗法的启示。人本主义心理学派，以罗杰斯和马斯洛为杰出代表，主张个体的心理健康与否体现在能否实现个人潜能的最大化。他们认为，当个体遭遇基本需求的威胁或缺失时，可能导致自我认知的偏差，抑制潜能的发挥，从而引发心理失衡和行为异常。

因此，心理咨询的核心在于为来访者营造一个温馨、尊重、理解且真诚的氛围,鼓励他们积极自我探索,摆脱消极的自我认知,释放个人潜能,最终实现自我价值。马斯洛的需求层次理论强调,归属感、爱与尊重是个体不可或缺的基本需求。然而,许多大学生在现实环境中难以获得这些基本需求的满足,从而产生了强烈的内在驱动力。网络环境以其虚拟性、开放性、匿名性和互动性,为大学生提供了一个全新的空间,使他们能够获得自我实现和情感上的满足。现实生活与虚拟世界的鲜明对比,也使得一些学生容易沉迷于网络,逃避现实生活的挑战。

(2)大学生网络心理健康教育实施的具体途径

首先,持续优化大学生网络心理教育平台的建设。与传统心理健康教育相区别,此平台的构建应聚焦于解决大学生在网络环境中遇到的心理问题,并致力于培育他们健康的网络心理观念,以此凸显其独特价值。在设计网络平台的理念上,我们应秉持"多元化"的原则,关注信息的更新速度、内容的丰富度和吸引力,以及信息的科学性。此外,我们应积极吸纳学生的反馈,以不断丰富和完善网络内容,构建一个集教育性与娱乐性于一体的多功能网络心理教育平台,更好地满足不同层次大学生的心理需求,进而提升网络心理教育的实效性。

其次,积极实施网络心理测试,全面了解大学生网络心理状态。通过运用心理测试,我们不仅能够全面了解大学生的心理状况,而且能够为识别和解决网络心理问题提供坚实的科学基础。利用网络平台的高效便捷性,综合采用网络访谈、心理测验、个人陈述等多元化的测试技术手段,对大学生的心理状态进行全方位的评估分析。网络平台所具备的互动性优势,确保了施测者与受测者之间的即时沟通与反馈,这不仅跨越了时间和空间的限制,而且满足了不同大学生的个性化需求。此外,非面对面的交流方式有助于减少社会期望的影响,提高了测试结果的客观性和真实性。随着心理测试方法的智能化发展,测试的形式变得更加灵活和多样,这不仅为研究者提供了获取大学生网络心理数据的广阔途径,而且确保了结果分析的客观性和有效性。

最后,积极开展网络心理咨询。网络心理咨询因其隐私保护、匿名性以及易于接受的特点,对大学生群体具有显著的吸引力。心理咨询师能够依据大学生对自身心理问题的具体描述,提供针对性的解决方案,纠正自我认知的偏差,激发个体的自主性,进而克服心理障碍。随着技术的发展,网络心理咨询的实施方式日益多样化,包括在线实时咨询、网络聊天室的个体或团体辅导、电子邮件互动咨询以及校园论坛和贴吧等平台。这些平台的多样性促进了不同观点和咨询理念的交流与碰撞，大学生可以根据自己的需求和偏好，灵活选择最适合自己的咨询方式，从而最大化提升咨询效果。

3. 提高大学生网络心理素质

首先，引导大学生主动进行网络心理的自我审视与调适。这一过程的实施，能有效纠正大学生在网络环境中可能出现的认知偏差、意志力薄弱以及情感缺失等负面心理状态。教育工作者应鼓励学生主动探索和调整自己的网络心理状态，以实现个体心理、行为习惯与网络环境的和谐共融。另外，针对网络心理问题较为严重的个体，我们不仅要提供必要的心理辅导与治疗，还需要积极引导他们进行自我审视与调整。在自我调适的实践中，我们可以采用多种方法，如无保留地倾诉以释放内心压力，逐步减少对网络的依赖；通过激励和奖惩机制来调整行为，重塑自我价值的认知以及寻找替代活动以实现情感的升华；等等。

其次，致力于培养大学生的心理素质，尤其是网络环境下的心理适应能力。高等教育机构可以采取一系列积极措施，如增设网络心理学相关的选修课程，为学生建立心理健康档案，加强网络心理问题的咨询与研究。在竞争激烈的现实社会中，健全的心理素质和优秀的人格特质是大学生稳固立足的关键要素。为此，各高校应根据学生的具体情况，提供个性化或集体的心理辅导服务，并定期举办心理健康讲座，普及相关知识。此外，高校还可以利用校园网络平台，创建网络心理健康专栏和心理测试工具，以促进学生对网络心理健康的认识和自我评估。同时，高校还应充分利用网络这一平台，组织丰富多样的以网络心理素质提升为主题的活动，如计算机知识竞赛、Flash动画创意大赛、网络写作比赛等。这些活动不仅能将网络文化与校园文化深度融合，还可以有效地培养学生积极向上的网络心理，促进他们形成健康的网络行为习惯。

最后，不断塑造与完善大学生的人格品质。大学生的人格发展是一个综合体现个体心理特征和倾向性的过程，它不仅包括个性倾向性，还涵盖了个性心理特征。虽然先天遗传对个体人格的形成具有一定影响，但是后天的环境与教育对其塑造起着更为关键的作用。一个积极健康的人格有助于大学生在个人发展和社会适应中找到平衡点，使大学生有效适应不断变化的社会环境，同时展现出个体性与社会性的和谐统一。因此，高校教育帮助学生建立积极的自我认知，鼓励他们认识自我、探索自我、接纳自我,并在这一过程中不断创造和发展自我,能够在美的体验中不断完善和健全自己的人格。

六、大学生就业心理问题与对策

(一)大学生就业心理问题的表现

大学生就业方面的困难自有其社会原因。但当前我国大学生在就业问题上存在的一些心理上的误区也不可小视。目前大学生存在的不良择业心态表现如下:

1. 焦虑心理

焦虑,作为一种由心理冲突或遭遇挫折所触发的复杂情绪体验,它通常伴随着恐惧、紧张、担忧以及一些生理上的症状。在当下这个多变且竞争激烈的社会环境中,特别是在面对严峻的就业形势和激烈的职场竞争时,那些初入社会、经验尚浅的大学生,在求职过程中产生的一定程度的焦虑情绪,其实是一种正常的心理反应。但为此过度焦虑就属于心理问题了。许多大学生在就业过程中担心自己难以找到既符合自身专业特长,工作环境又能让自己满意的理想单位,或者担心自身的综合水平无法通过用人单位的严格筛选。这种焦虑情绪极大地影响了大学生在择业过程中的专注度和投入度,导致他们情绪紧张、烦躁不安,甚至出现意志消沉、萎靡不振的现象。当面对屡次的拒绝时,他们更是会感到沮丧和失落,甚至开始怀疑自己的能力和价值,开始逃避现实,选择放弃求职。

2. 从众心理

从众心理指的是个体在群体压力的作用下,倾向于与多数人的观点和行为保持一致,从而表现出缺乏自主性和竞争意识,以及盲目跟从的特点。大学生群体往往容易受到外界因素的影响,这种心理现象在他们之中尤为显著。在就业过程中,大学生们常常受到社会观念的影响,忽略自身的特点和优势,盲目选择热门专业,缺乏对社会需求的深入了解和自我分析,导致他们在就业市场上屡屡受挫。

3. 自卑心理

自卑心理多发生于自我意识尚未健全的大学生群体中,他们往往倾向于轻视或低估自身能力。特别是在求职过程中,部分学生因所学专业市场需求低迷、个人能力有所欠缺、家庭经济条件拮据或求职过程中屡遭挫折等因素,逐渐滋生出强烈的自卑感，进而演变为自卑心理。这种心理表现为过度夸大就业压力，对自身能力评价过低，信心不足，犹豫不决，对外界反应敏感多疑，进而出现明显的自闭倾向，不愿与人交往，不敢直面用人单位，对就业前景持消极态度。这种自卑心理往往导致学生产生低自尊心理，盲目签订就业协议，从而对其职业发展造成不利影响。

4. 自负心理

自负心理是一种自我评价过高的心理倾向。有的大学生因为所学专业紧俏，在考试中各种成绩优良；或者担任过学生干部，获得过某种奖励，生活经历顺畅，没有经历过挫折，容易产生一种自命不凡、高人一等的自负心理。由此产生过高的自我评价，对公司的要求过高，不能很快地找到适合的单位。自负自卑都是缺乏正确的自我意识的表现。正确的态度应该是不卑不亢，充满自信。

5. 攀比心理

许多大学生在寻找就业单位时，往往会陷入一种误区，那就是过于关注身边同学的就业选择，并以此作为自己的择业标准，这种不考虑自身的特点、兴趣、价值观等主观因素的做法使他们难以找到真正适合自己的工作。还有部分大学生出于攀比心理，在求职过程中往往只关注单位的知名度、待遇等表面因素，而忽略了自己的实际需求和发展空间。

6. 依赖心理

对毕业生择业行为及其意向进行研究可以看出，多数学生的择业都会受到朋友和父母的影响，而只有少数学生不会受到他人的影响。这说明部分大学生在就业过程中具有明显的依赖心理，其主要表现在：一是缺乏独立性，在择业时缺乏应有的自主分析和解决问题的决策能力；二是依靠关系就业，缺乏主动参与意识和竞争意识，信心和勇气不足，过度依靠亲戚关系找工作，而不是依靠自己的能力去应聘。

7. 嫉妒心理

在求职过程中，我们时常会遇到一些条件优越、能力出众的竞争对手。他们或许拥有更高的学历、更丰富的实习经验，或者更出色的面试表现。当看到他们获得心仪的职位或更好的工作机会时，我们可能会不由自主地产生羡慕之情。这种对他人成就、特长或优越地位的羡慕过于极端时就会产生敌对情绪，转化为嫉妒。嫉妒心理在求职过程中是一种常见的情感反应，往往会让我们怀疑自己的能力和价值，使我们陷入一种痛苦、不甘心的状态。

8. 封闭心理

封闭心理通常源于大学生长期以来的性格特点和经历。在毕业生群体中，我们可以看到不同的性格倾向。一方面，有些性格较为内向的毕业生倾向于保持独立，他们不太愿意参与过多的社交活动。而另一部分毕业生则因为尚未获得就业机会而倍感焦虑，这种焦虑源自他们担心一旦同学或亲友得知自己的状况，可能会贬低或嘲笑自己，从而影响到他们的自尊心和自信心。

（二）干预大学生就业心理的主要对策

1. 自我调适就业心理

良好的择业心态体现为以下几点：

（1）确立切实可行的就业目标。择业目标应当与个人的实际能力和潜力相契合，避免设定过于理想化而不切实际的期望。灵活调整自己的期望值，以适应不断变化的就业环境，而不是单纯追求完美无缺的结果。

（2）应避免盲目从众的心态。在选择职业时，应充分考虑个人的特点、能力以及社会的实际需求，而非盲目与同学进行攀比。

（3）克服自卑和胆怯的心理障碍，树立自信心，以积极的心态面对职业选择过程中的各种挑战。

（4）具备坚韧不拔的精神。面对挫折时，应保持积极的心态，不轻易放弃或退缩。

具体来说大学生在就业择业中要重视自我心理调适，应努力做到：

（1）正确、客观地认识和评价自我，避免出现自负或自卑心理，结合自身特点和优势找准就业定位。

（2）综合考虑多方因素，深入分析并确定合适的理想目标，处理好自我期待与社会期待的关系。

（3）调整心态，保持乐观，加强变通性和适应性，保持良好的转换态度，积极进行自我调适，主动面对现实。

（4）强化竞争意识，在加强自我了解的基础上，敢于竞争、善于竞争，结合社会发展趋势调整自身的竞争策略，时刻做好心理准备，保持良好的竞技状态。

（5）面对挫折，沉着应对。在面对挫折时，迅速调整心态至关重要。深入分析失败的原因，探索并制订解决问题的策略，适度调整目标，寻找并抓住新的机遇，以实现个人的成长和发展。

2. 学校就业心理辅导

（1）建立心理咨询、辅导机制，培养大学生健康的就业心理

当前，大学生群体中心理问题的发生率正逐渐上升，为此，高校需要加强心理咨询服务的建设，以提供有效的心理支持和职业发展指导。这不仅涉及扩充专业心理咨询团队，确保有足够的辅导教师资源，还包括对大学生中的骨干成员进行心理辅导技能的培养。通过这些措施，可以增强学生的自我信念，帮助他们保持积极向上的心态，这对于他们应对学业、职业以及生活中的挑战至关重要。开展心理咨询工作有助于培养他们健康的就业心理，帮助学生克服心理障碍，避免进入择业过程中的误区，坚定自信心。同时，建立并优化咨询与辅导机制，为广大学生提供就业指导与服务，以满足他们在就业和职业发展方面的需求。

（2）重视大学生实践技能的培养

大学生的实践技能培养与训练，对其求职就业过程至关重要。大学生在求职过程中，若能掌握一系列关键的实践技能，如认知能力、沟通技巧、管理能力和创新思维，将有助于他们保持冷静和自信，从而提高求职成功的概率。高校应当重视通过社会实践活动、市场调研和专业实习等途径，来加强学生这些技能的培养，使学生能够深入了解社会就业现状和职业发展的实际要求，避免走入就业误区。这有助于培育学生积极的就业心态，为他们未来的职业生涯打下坚实的基础。

（3）引导大学生树立正确的职业观

职业选择对大学生而言，不仅是实现经济独立和个人抱负的基础，更是他们展现自身社会影响力、实现社会价值的重要途径。职业选择的正确性有助于大学生充分发挥个人优势，实现自我价值，为社会作贡献。高校应引导大学生结合理想与现实，树立职业的社会意识与长远意识，帮助大学生正确认识个人利益与社会需要的关系。同时，大学生应积极主动地转变角色，以长远的眼光看待职业的发展，还要正确评价自己，找准职业定位，合理规划自身的职业生涯。

（4）引导大学生积极参与竞争，正确对待挫折

高校就业制度的改革，让毕业生有更多的机会在广阔的就业市场中展现自我、脱颖而出。首先，大学生需要培养坚定的竞争意识，主动投身于职场竞争之中。

通过持续的努力和不懈的追求，寻找能够充分施展才华、实现职业抱负的岗位。其次，大学生应该努力提升自身的综合水平，以便在激烈的竞争中保持优势地位，提高竞争力。最后，大学生们要勇于面对竞争中的挫折和失败，调整心态和目标，积极争取新的机会。

（5）加强大学创业文化建设

大学创业文化的建设，对于当今的大学生来说，无疑是一项至关重要的举措。首先，大学创业文化的建设可以通过营造浓厚的创业氛围，让大学生在耳濡目染中逐渐接受并认同创业理念，从而树立起坚定的创业意识。其次，通过大学创业文化的熏陶，大学生可以在潜移默化中培养出优良的心理品质，为将来的创业之路打下坚实的基础。再者，高校通过开设创业教育课程、开展创业主题活动，可以有效提升大学生的创业能力。

（6）培养基本的职业能力和技巧

基本的职业能力和技巧包括交流能力、动手能力、创新能力、社会适应能力和心理承受能力。大学生应掌握一定的求职技巧，包括知己知彼、注重细节、展现优势等。

七、大学生创业心理障碍与训练

创业心理品质是一种在个体创业活动中起调节作用的独特心理特质，其涵盖了多方面内容，包括需求、驱动力、兴趣偏好、态度倾向、认知水平、情绪状态、意志力以及性格特点和能力等。这种品质和构成这种独特心理特质的各种要素共同构成了一种综合性的心理素养，它不仅深刻影响着个体的创业过程，更在创业行为中发挥着关键的引导和调节作用。敢于创业、勇于创业和善于创业是大学生积极心理品质的最高体现，也是当代大学生，尤其在就业形势不够乐观的形势下，最需要具备的一种心理素质。

（一）大学生创业心理障碍及原因

1. 认知障碍

很多大学生崇拜成功的创业者，但不愿轻易创业，这与认知障碍有关。认知障碍主要体现在以下几个方面：

第一，担心自己的专业在创业过程中不能学以致用，认为放弃大学专业太可惜，担心大学四年"零回报"。

第二，认为创业风险大、成功率低，害怕挫折和失败。一方面，目前大学生创业虽然受到国家政策的大力支持，但大学生创业成功率依然较低；另一方面，大学生的心理承受能力弱，惧怕风险和失败。

第三，自我效能感低，过度自卑，缺乏信心，宁愿打工也不愿承担责任和开拓进取。

第四，"面子"心理。创业说明自己没本事，找不到工作，太没面子，觉得自己辜负了家人和亲朋的厚望，在同学面前"抬不起头"。

2. 情感障碍

第一，情感上过于依赖他人。大学生自幼一直过着群体生活，对群体领导和群体成员有一种情感上的依赖，缺乏自我担当和独立自主的创业体验，仍习惯于被他人领导，一旦步入创业，万事要靠自己时，往往措手不及。

第二，缺乏创业激情。目前，部分大学生选择创业的动因并非源自内心深处的创业热情，而是为了避免失业的困境，这反映出一种无奈的选择。

第三，对创业失败的担忧和恐惧。相当多的大学生虽然有心创业，但瞻望创业前景，往往难字当头，被意料到或意料不到的各种各样的困难和问题所吓倒，这种对创业失败的担忧和恐惧会使大学生的创业积极性备受打击。

3. 行为障碍

行为障碍存在两种典型的现象：逃避创业和盲目创业。逃避创业的现象在一些有创业想法的大学生中很常见。他们或许对创业抱有浓厚的兴趣，但在面对实践时，却开始寻找各种理由来逃避。盲目创业也是大学生在创业过程中容易犯的一个错误。这种现象源于大学生对创业没有正确的认识，而是错误地将创业视为一条快速获得名声和财富的途径。在缺乏周密考虑、深入研究和进行市场调研的情况下，他们便匆忙投身于创业活动，结果往往不尽如人意。当然，从客观原因说，社会对大学生创业的认可度较低。受求平求稳的观念影响，国家和各级政府扶持大学生创业的政策和示范效应尚未显化、家庭的不支持等客观因素也在很大程度上压抑和阻碍了大学生创业的勇气和激情。

（二）大学生创业心理素质培养的内容

1. 创业成就动机的培养

成就动机（achievement motivation）是个体在面临各种任务与挑战时，力求取得卓越成果、获得认可的内在动力源泉。在现今竞争激烈的社会环境中，增强和培养大学生的创业成就动机，对于提升他们的创业素质、实现个人价值以及推动社会进步具有至关重要的意义。成就动机的形成与后天教育的影响和与他人的交往过程密切相关。因此要想培养大学生的成就动机，就要通过合理的教育手段，激发大学生的内在潜能，培养他们明确的目标意识、强烈的开拓精神、独特的创新思维以及勇于挑战自我的勇气。

2. 创业思维的培养

创业思维是一种追求差异和多样性的思维方式，主要有发散性思维和创造性思维。发散性思维的特点在于流畅性、变通性和独创性。创造性思维是多种思维的综合体现，表现为能够产生大量新颖、独特的想法。对大学生创业者而言，他们正处于充满活力和创造力的时期，是培养创业思维的最佳时期。高校应主动摒弃传统的学业成绩评估模式，转而鼓励大学生将主要精力聚焦在创新性的实践活动上，通过实践锻炼自己的创造性思维和创造力。

3. 创业意志的培养

在创业的征途上，困难、挫折和失败如同家常便饭，几乎每一位创业者都会遭遇。而饱满的斗志，是创业者战胜困难、实现目标的关键。创业者需要持续地加强自我训练和进行自我提升，塑造独立自主、果断坚毅的创业精神及优秀的自控能力。为实现这一目标，学校应当肩负起引导责任，协助大学生树立崇高且远大的职业理想和人生志向；提升大学生独立思考和自主决策的能力；培养他们敏锐的洞察力和果断的行动力；鼓励大学生积极参加创业实践活动，通过实践来培养他们的创业意志。

4. 创业个性特征的培养

成功的创业者不仅要有丰富的知识储备和较高的综合能力，还要具有独特的个性特征。在创业者的个性特征中，自信是其他个性特征形成的基础。在创业过程中，自信不仅能够帮助创业者克服内心的恐惧与不安，还能够激发他们的潜能，使他们更加专注于目标，更加努力地追求成功。除了自信之外，自立、自尊、自强等个性特征也是创业者所必备的。此外，冒险精神、独断能力、坚忍不拔等特征也是创业者在创业过程中不可或缺的品质。创业者的个性特征并非一成不变，它们可以通过后天的培养与训练得到进一步提升与完善。因此，在大学生创业教育中，我们应该注重对学生个性特征的培养与引导，帮助他们认识到自己潜在的优势与不足，从而有针对性地加以改进与提升。

（三）大学生创业心理素质训练

1. 创业模拟训练

创业模拟训练旨在模拟真实世界中的复杂环境和不确定性因素，让受训者在模拟的创业场景中，全面体验并学习如何应对各种突发情况和挑战。在创业模拟训练中，受训者需要运用自己的应变思维，迅速分析并判断当前形势，灵活调整策略，以适应不断变化的市场环境。同时，帮助受训者提升自己的预知能力，从而提前预测潜在的风险和机遇，在关键时刻作出正确的决策。他们还需要学会如何在压力下保持冷静，独立思考并寻找解决问题的途径。

2. 消除或缓解心理障碍法

在大学生创业训练和实战过程中，在面对接踵而至的挑战和重重困难时，大学生们往往容易滋生各种消极情绪和心态，如焦虑、沮丧、挫败感等。长时间沉浸于不良情绪之中，会对大脑产生持续的负面冲击，使其进入一种自我保护的抑制状态，使人的思维变得迟缓，反应变得迟钝。如果这种心理障碍长期得不到有效的释放和缓解，将会对身心健康造成严重的损害，甚至可能引发各种身心疾病。心理训练是帮助大学生们应对不良情绪、提高心理素质的有效途径。学校应该加强对大学生心理健康教育的重视，积极引入和应用这些有效的心理训练方法，为大学生的健康成长和未来发展提供有力的支持。目前国外应用较多的心理训练方法主要有：生物反馈训练、内部质量管理训练、渐进性放松训练等。

3. 自我暗示法

自我暗示如同一条纽带，连接着我们的表层思维与深藏心底的潜意识，帮助我们唤醒了潜意识深处的巨大能量，实现自我提升与成长。在追求创业成功的道路上，自我暗示具有举足轻重的作用。我们可以用积极的自我暗示，坚定内心的信念，为我们前行提供动力。积极的自我暗示可以促使我们更加专注地投入到创业过程中，激发我们不断追求卓越的毅力与勇气。此外，经常与假想竞争对手对话，也是一种有效的自我暗示方式。在与假想对手的交锋中，我们不仅能够发现自己的弱点，还能够激发出更多的创新思维与解决方案。这一对话过程，实际上是一种自我反思与自我激励过程，它能够帮助我们更好地应对现实中的挑战与困难。

4. 认知活动情景法

认知活动情景法主要由角色扮演和游戏法两部分构成，旨在通过多样化的方式帮助大学生更深入地理解和体验创业过程，从而培养他们的创业心理素质。角色扮演可以以心理短剧、小品、哑剧、双重表演等形式开展，让大学生能够在创业课程中扮演创业活动中的各种角色。通过这种方式，大学生们可以深入角色的内心，感受剧中人物的喜怒哀乐，体验创业过程的种种挑战和困难。游戏法是指通过设计各种有趣的游戏活动，帮助大学生们更好地适应创业环境，提高他们的应变能力和心理素质。在游戏法的实施过程中，教师可以结合具体的创业案例和场景，设计有针对性的游戏任务。例如，可以模拟创业团队的组建过程，让大学生们通过游戏的方式学习如何选择合适的团队成员、如何进行有效的沟通和协作。这样的游戏任务不仅能够增强大学生们的团队合作精神，还能够培养他们的创新意识和实践能力。

5. 发散思维模拟训练

按照美国心理学家吉尔福特的看法，发散思维本质上是一种创造思维，因此进行发散思维训练，实际上就是进行创造力的训练。发散思维训练主要是训练思维的流畅性、变通性和独特性。评价训练的结果，不仅要看发散项目的数量，还要看发散的维度，更要看发散项目的独特性和新颖性。

6. 想象力训练

同创造性思维训练一样，想象力也是创造力的一大认知支柱。想象是重新组合已有的表象而形成新形象的心理过程。通过想象力训练，大学生能够形成创造性的新形象，从而提高其创造力。

消除大学生创业心理障碍，培养大学生创业心理素质是一个系统工程，需要学校、政府、社会和家庭等方面的密切配合，既需要资金、设备等硬环境的支持，也需要观念、舆论、社会风气等软环境的配合。其中，大学创业教育理应扮演更为重要的角色，培养大学生创业心理素质任重而道远，但充满希望。

第三节 大学生心理危机预防和疏导

事实上,并非大学生群体才会出现心理危机,但是由于大学生群体的特殊性,一旦出现心理危机,由此产生的后果常会造成重大的社会影响。因此,对大学生的心理危机要格外加以关注。

一、心理危机的概念

心理危机由美国心理学家卡普兰首次提出。重大问题和变化都可能打破人们的心理平衡状态,导致心理危机出现,其表现有无所适从、思维和行为紊乱等。心理危机是认识范畴内的问题,若不及时缓解,会导致情感、认知和行为的失调。

二、大学生心理危机的分类

(一)发展性危机

在每个人的生命旅程中,都会遇到各种各样的挑战和变化,这些变化包括外在的环境变迁和个人心理的发展。这些变化很容易导致个人的心理失衡,从而引发"发展性危机"。发展性危机是每个人成长道路上不可避免的部分,例如青春期心理危机和转学、升学等引发的危机等。如何有效应对这些危机,对于个体的心理健康和成长至关重要。

(二)意外性危机

生活中,我们时常会遭遇到各种突如其来的、无法预料的状况,它们可能源自外部环境的突变,如自然灾害的侵袭;也可能源于个人遭遇的重大事件,如受到恐吓或是罹患重大疾病等。这些危机事件的发生,一定会对个体的心理造成巨大的冲击和压力。在这种情况下,个体很容易处于精神崩溃的边缘。他们可能会失去对生活的信心和热情,变得消极、沮丧。同时,由于情绪的失控,个体还可能表现出攻击他人的不良行为。为了应对这些危机状况,我们需要及时给予个体有效的帮助和支持。要通过专业的心理辅导和干预,帮助他们重新建立对生活的信心和希望,调动他们自身的潜能去应对困境。

(三)存在性危机

存在性危机,通常指的是个体在面对人生中至关重要的根本问题时所引发的内心冲突和焦虑。这些问题涉及人生的目的、意义、价值以及个人所承担的责任等多个层面,当这些根本问题无法得到妥善解决时,个体往往会陷入深深的迷茫和焦虑之中,进而产生存在性危机。以大学生为例,他们正处于人生的关键阶段,面临着众多的人生选择和挑战。在这个过程中,许多大学生可能会因为对人生目标、人生责任以及未来发展的不确定而感到困惑和焦虑。他们可能会反复思考自己究竟想要追求什么样的人生,又该如何去承担自己应尽的责任。

三、大学生心理危机的特点

为了更深入地理解和有效干预大学生心理危机,我们必须更深入地剖析其特点,从而确保对其采取的心理教育更具针对性与实效性。

(一)普遍性

大学生心理危机是大学生成长过程中不可避免的一环。大学生正处于人生的重要转折期,其心理承受能力尚未完全成熟,因此更容易受到心理危机的影响。大学生心理危机并非疾病或病理过程,而是一种正常的心理活动。正确、科学的引导是解决大学生心理危机的关键。学校应加强对大学生的心理健康教育,提高他们对心理危机的认识和处理能力。

(二)复杂性

心理危机的来源多种多样,既有外部的,也有内部的。外部因素包括环境的要求与压力,如社会期望、职业竞争等;内部因素则涉及个体生理和心理的变化与要求,如年龄增长、心理需求的转变等。同时,一些突发灾难性事件,如交通事故、自然灾害等,也可能导致心理危机的突然爆发。对于心理危机的处理,每个人的应对方式都不尽相同。有些学生在面对心理危机时,能够积极寻求帮助,采取有效的应对方法,由此逐渐走出困境。然而,也有一些人由于心理防线脆弱,难以应对突如其来的危机,导致问题进一步恶化。

(三)动力性

动力性是心理危机的一大特性,它揭示了心理危机中的焦虑过程和冲突确实是持续存在的，它们是心理危机中永恒的元素，并为情绪紧张提供了源源不断的动力，促使大学生不断寻找解决问题的方法。当面临心理危机时，人们往往会发现自己陷入了某种固定的思维模式或行为习惯中。然而，动力性能够帮助我们打破这些束缚，尝试新的思考方式和行为模式，以便更好地应对当前的困境。在经历心理危机的过程中，我们会不断地遭遇失败和挫折。通过不断地克服挑战和困难，我们的挫折耐受性得到了提高，同时也增强了我们的环境适应能力。

（四）时代性

不同时代的人们所面临的环境、危机和压力都存在显著的差异。这种差异不仅体现在物质条件上，更体现在人们的心理层面。因此，对于当代大学生而言，他们所处的时代背景、社会环境以及所面临的挑战，都赋予了他们心理危机的时代性。我们应该深入了解他们所面临的时代背景和社会环境，关注他们的心理需求和困惑，从而为他们提供更加精准、有效的心理支持和帮助。

四、大学生心理危机的发展过程

大学生心理危机的发生是一个复杂且多阶段的过程，通常可以划分为冲击期、防御期、解决期和成长期四个阶段。每个阶段都有其独特的心理反应和应对机制，下面将详细阐述这四个阶段的特点和表现。

冲击期是心理危机发生后的最初阶段。在这一阶段，大学生往往会感到震惊、恐慌和不知所措。由于危机事件的突然性和不可预测性，他们可能会感到自己的心理平衡被打破，情绪陷入混乱状态。此时，他们可能会经历强烈的焦虑、恐惧和迷茫，难以正常思考和应对。

接下来是防御期，大学生在这一阶段会试图恢复心理上的平衡和稳定。然而，由于缺乏经验和有效的方法，他们可能会不知道如何应对当前的困境。此时，他们可能会出现否认、合理化等心理防御反应，以此来减轻内心的痛苦和焦虑。

随着时间的推移，发展过程逐渐进入解决期。在这一阶段，他们会积极采取各种方法来接受现实，并寻求各种资源来解决问题。他们可能会寻求专业心理咨询师的帮助，与亲友分享自己的感受，或者通过参加相关活动来减轻焦虑。通过积极应对和寻找解决问题的方法，他们的自信心逐渐恢复，社会功能也逐渐恢复正常。

最后，经历了危机的大学生进入成长期。在这一阶段，他们不仅从危机中恢复过来，还变得更加成熟和坚强。他们学会了应对危机的技巧和方法，也积累了宝贵的经验和教训。这些经历使他们能够更好地应对未来的挑战和困难。然而，也有一些大学生在经历危机后出现了消极应对的情况，表现出种种心理不健康的行为。

五、大学生心理危机产生的原因

（一）外部诱因

总体来看，学生心理健康问题涉及家庭、学校和社会等多个层面，这些层面之间又相互交织、相互影响。首先，家庭作为学生成长的第一环境，对学生心理健康的影响深远。在家庭中，父母关系是否和谐、家庭氛围是否融洽，都会对孩子的心理发展产生重要影响。其次，在社会层面，随着就业竞争的日益激烈和社会贫富差距的逐渐拉大，学生面临的压力也在不断增加。另外，大学是一个全新的环境，学生需要适应新的生活节奏、学习方式和人际关系。在这个过程中，一些学生会因为不适应而产生心理问题。例如，同宿舍的学生都是独生子女，各自性格鲜明，有时难以相互包容和理解，这可能导致学生之间的矛盾和冲突不断积累，进而产生心理问题。

（二）主观原因

1. 自我认知与思维模式出现差错

在人生的道路上，每个人都会遭遇不同的挑战和困境，然而，不同的人对于这些挫折的反应却大相径庭，这在很大程度上源于个体的心理认知差异。当个体陷入心理危机时，其自我意识往往会出现失真现象。在困境中，个体可能难以准确评估自身的价值和能力，从而容易陷入自我怀疑和否定的泥潭，进而表现出过度的自尊、自恋或自卑、自暴自弃等不良心态。这些心态会进一步加剧个体的心理困扰，使其难以从困境中走出来。在思维模式层面，陷入心理危机的个体通常倾向于采用"聚焦式"的认知模式。这种认知模式的特点是过度聚焦于当下的遭遇，缺乏对问题的全面分析和深入思考。由于过度关注眼前的困境，个体往往会忽视问题背后的原因和可能的解决途径。同时，这种思维模式也导致个体割裂了内心世界与外部世界的联系，将全部注意力集中于眼前的困境，从而限制了自身的视野和思维空间。

2. 个性缺陷

个性缺陷是指个体在个性特征上存在的偏差，这些偏差通常源于先天遗传因素和后天社会环境因素的共同影响。个性缺陷会显著影响个体的心理承受能力和行为模式。个性缺陷会导致个性具有倾向性，比如极端自私、极度悲观等。在性格方面，个性缺陷可能表现为偏执、冲动或怯懦退缩等特征。个性缺陷还会影响人的气质，表现为情绪不稳定、易怒或抑郁等特征。一些个性缺陷还可能导致个体产生自闭孤僻的行为倾向，使他们不愿与人交流。这种行为模式会使外界的帮助无法及时跟进，从而使个体丧失了接受干预和纠正个性缺陷的机会。

3. 对挫折的承受能力差

当代大学生们有着强烈的自尊、自强、自立意识，他们怀揣着青春的激情，渴望在广阔的社会舞台上施展才华，实现自我价值，期待与志同道合的朋友共同成长，与心仪的伴侣携手共度美好时光。但是，社会的各种嬗变和冲击让他们感到应接不暇，社会经验的贫乏和生活阅历的肤浅使得他们在面对现实时感到力不从心。当现实与理想之间出现巨大的差距时，他们脆弱的心理往往难以承受。

六、大学生心理危机可能导致的后果

大学生心理危机发展结果因应对方式、人格特质及支持差异而不同，主要有三种可能结果：一是危机未得到有效应对，反而进一步发展，这是大学生陷入绝望、消极应付，最终导致心理失衡，影响心理和身体健康的原因。二是表面渡过危机，但情绪压抑未解，留下心理"瘢痕"，形成偏见、痛点，再出现同类危机还是会不适应。三是顺利渡过危机，而顺利渡过危机后分为两种情况：一种是大学生结合内外力解决问题，最终恢复心理平衡；另一种是危机后积极成长，心理更成熟坚强，提高抵抗能力。

七、大学生心理危机的干预

危机干预是一种紧急应对方法，它不同于常规心理咨询和治疗，旨在帮助当事人解除心理危机，缓解症状，恢复心理平衡，不涉及人格矫治，是短程心理治疗。心理危机干预这一概念最初在美国、荷兰等国家兴起，自20世纪80年代初起，成为世界卫生组织（WHO）深入研究的课题之一，并逐渐成为社区和大学心理卫生保健体系中不可或缺的重要组成部分。其在应对社会心理应激和预防疾病方面发挥着至关重要的作用，对于维护个体和群体的心理健康具有重要意义。

（一）危机干预模式

心理危机干预有三种基本模式：平衡模式、认知模式和心理转变模式。

（1）平衡模式：为求助者提供新的应对机制和解决问题的方法，帮助他们重新获得危机前的平衡状态。这种模式适用于早期干预。

（2）认知模式：通过改变个体的思维方式，帮助他们正确认识生活中的危机，获得稳定的心理状态。这种模式适合危机稳定后的求助者。

（3）心理转变模式：通过对与危机相关的内外部困境进行系统而深入的评估，辅助求助者寻找并采纳新的策略或途径，以替代现有的不合理行为、态度或环境资源利用方式，从而更有效地应对危机，以助其重新获得对自己生活的自主掌控权。这种模式适用于那些情绪已趋稳定、具备一定自我认知与调节能力的求助者。

除上述模式外还有一些其他心理危机干预模式，如林德曼提出的"哀伤辅导"模式，强调要感受和经历痛苦并合理发泄情绪。哀伤辅导的过程包括体验哀痛、接受现实、调整生活和恢复信心。再如，支持和干预模式。支持和干预技术用于危机的不同阶段，侧重点各有不同。危机初期，当事人情绪很不稳定，焦虑程度较高，这一阶段支持技术的应用旨在使当事人的情绪状态恢复到危机前的水平，可以运用暗示、保证、发泄、环境改变、药物镇静等方法，如有必要，可以考虑短期的住院治疗；在危机后期，干预技术占主导地位，危机干预的主要目标之一是使当事人学到对付困难和挫折的一般性方法，这不但有助于渡过当前的危机，而且也有利于以后的适应。

（二）其他危机干预策略

1. 积极预防

危机预防是解决心理危机的重要环节，可以把心理危机扼杀在萌芽期，而教育和宣传是危机预防的有效方式。通过教育和宣传，我们可以帮助大学生建立正确的心理认知，掌握有效的心理调适方法，增强自我认知和情绪管理能力，从而预防心理危机的发生；还可以为他们传授一些应对危机的技巧和方法，如危机识别、危机应对、危机沟通等，使大学生在面对危机时能够保持冷静、果断，有效应对各种复杂情况；另外还可以培养大学生的社会责任感和同情心，激发他们帮助他人的意愿和行动，并且可以培养他们的问题意识和解决问题的能力，使他们能够及时发现并妥善处理各种潜在危机。

2. 及时干预

首先，我们必须对当事人的危机程度进行全面而细致的审查与评估，这一环节对于保障当事人及其他相关人员的人身安全至关重要。在此阶段，我们需要对当事人的行为、情感及认知状态进行深入了解。通过细致的观察、深入的对话以及必要的心理测试，我们可以更准确地把握当事人的心理状态，进而制订出更具针对性的应对策略。随后，要深入探索和确定问题的根源。在此过程中，我们应当以无条件接纳、真诚和尊重的态度，与当事人开展深入的沟通交流。这种态度有助于与当事人建立信任关系，促使当事人敞开心扉，坦诚地表达内心的想法和感受。紧接着，我们要协助当事人选择解决问题的方法并获得当事人的承诺与保证。

3. 心理治疗

为确保大学生的身心健康与全面发展，我们亟须构建一套高效且完善的危机干预机制。该机制应着重于危机发生前的预防举措，以及在危机事件突发时能够迅速响应并进行有效干预，并在危机过后进行持续的跟进治疗与关怀。在构建这一危机干预机制的过程中，我们亦需充分借助并整合校外优质资源。具体而言，我们可积极与专业心理咨询机构、医疗机构等建立长期稳定的合作关系，共同致力于为大学生提供全方位、专业化的心理健康服务与支持。

第四节 大学生积极心理品质的培养

一、大学生积极心理品质的内容

我国大学生积极心理品质有着由六大维度20分项组成的多维度结构，即认知：创造力、好奇心、热爱学习、思维力；人际：真诚、勇敢坚持、热情；情感：

感受爱、爱与友善、社交智慧；公正：团队精神、正直公平、领导能力；节制：宽容、谦虚、审慎、自制；超越：心灵触动、希望与信念、幽默风趣。

孟万金和官群依据这一研究成果对中国大学生正向心理素质量表进行了编制。从实践角度出发进行研究，研究成果能对中国当代大学生的积极心理特质进行评估，为设计具有针对性的教育活动或课程提供了关键参考。这有助于推动高校心理健康教育向更加正面的方向发展，实现其教育目标；也为优化学生心理健康培养策略提供了有力的支持；同时对大学生心理健康教育的预防性功能和发展性功能产生了极大的积极影响。

从现阶段来看，随着西方积极心理学思想的传播与我国积极心理健康教育理念的兴起，众多学者开始主张通过培养积极心理品质来实施大学生的心理健康教育。尽管如此，对于系统性地评估和培育大学生积极心理品质的深入研究仍然相对匮乏。中央教科所积极心理健康教育课题组，在孟万金教授的引领下，首次采用了一套精细化设计的自评量表，率先针对全国范围内大学生的积极心理品质进行了系统而深入的测量研究。在山东、北京、上海、安徽、黑龙江、福建和江苏等省市的大学生群体中，就使用中国大学生积极心理品质量表进行了调查。研究显示，我国现代大学生在六个心理品质维度上的自我评价水平由高到低分别为：人际、超越、情感、公正、节制、认知。根据20项积极心理品质的排序，当代大学生在心理发展方面表现出较高水平的前五个品质依次是：心灵触动、团队精神、勇敢坚持、感受爱、爱与友善；而自制、思维力（开放思维与洞察力）、领导能力、幽默风趣以及创造力则依次排在了最后五名。

二、大学生积极心理品质培养的实施

由孟万金带领的团队，通过全面系统的设计，从微观和宏观两个角度出发，致力于大学生积极心理品质的培养。就微观层面来看，他们创建了一个包含多种积极心理品质培养资源的数据库，细致地规划和筛选了适用于不同心理品质发展和多样化教学需求的活动与案例，为心理健康教育工作者在实际教学过程中提供了广泛的选择和参考。在宏观层面，他们提出了以下几项系统落实计划。

其一，在整体方针上，应把积极心理健康教育的理念作为教育实践的理论基础，深化其在师生群体中的认知与实践。这需要心理学专业教师的指导，辅导员和班主任的积极推动,以及各学科教师的配合。学校管理层的领导作用至关重要,应以组织教育活动和提供体验机会为主要的教育手段,建立积极心理品质培养的多层次网络,全方位覆盖,并实现全员参与。

其二,要优先通过科学测评来培养积极心理品质,以全面了解大学生积极心理发展的现状。心理健康工作者常常会先以心理测试为评估工具。然而,传统测试主要集中在发现负面心理特征,而且测试后通常没有有效的跟进措施,也无法充分利用测试结果,这导致所谓的心理档案没有实质意义。在孟万金教授的引领下,其研究团队精心研发了多项工具,包括中国大学生积极心理品质量表、积极情绪体验评估量表以及幸福和谐生物反馈系统。这些工具旨在通过科学的方法,全面而精准地评估大学生的积极心理品质成长轨迹、积极情绪体验的程度,以及他们的积极心理状态,并取得了很大的进展,为心理健康教育提供了有力支持。

其三,基于发展心理学的理论框架,结合全国范围内大学生积极心理品质的调查数据,并参考所授班级学生的具体测评结果,采取了多样化的引导和教育策略。根据评估结果,面向全体,利用多种方式积极引导。多样化的教育策略涵盖心理健康教育课程、主题性的班级集会、社团组织的各类活动、专业领域的讲座以及校园内的宣传活动等,这些途径均为加强积极心理品质的塑造提供了有效的平台。

其四,积极心理健康教育看到了传统"问题式、诊断式"心理健康教育的缺点,但并不排斥解决心理和行为问题的方法,而是将积极心态的培育融入心理健康教育框架。积极心理健康教育不仅将积极心态的培养置于核心地位,同时也坚持对心理问题进行预防与妥善处理,这体现了我们教育观念的更新与全面化。在塑造学生的积极心理品质时,重视正面的引导,我们绝不应忽视对危机学生开展有针对性的咨询、辅导和紧急干预,以便精准聚焦于他们的个案工作,进而有效预防极端心理事件的发生。此外,我们需持续强化心理健康教育团队的建设,即专业化与综合化有机结合的教学队伍,构建由校级、院级和班级构成的分层次教育网络,同时组建心理委员团队,旨在使辅导员的积极心理健康教育能力素养得到切实提升。以上这些均是成功开展心理健康教育工作的重要措施。

第三章 高校心理健康教育的实施

心理健康是个人发展的基石,在人生的不同阶段,心理健康意味着不同的内涵。在青年人的成长和发展过程中,良好的心理健康状态对于正常完成学业、实现个人价值、稳定社会工作、丰富人生经验都至关重要。心理健康是青年人身心健康及其全面发展的基础,是学校教育体系建设的重要组成部分。本章论述了高校心理健康教育的实施,包括高校心理健康教育的目标、高校心理健康教育的内容、高校心理健康教育的评估等三方面内容。

第一节 高校心理健康教育的目标

高校心理健康教育目标是高校规定的心理健康教育工作所要实现的教学效果和教学预期效果,更是开展心理健康教育工作的方向和基础。而高校心理健康教育最基本、最重要的理论问题和实践问题,便是心理健康教育的目标定位。它是心理健康教育全局的核心所在,对心理健康教育的各个方面都产生着重要影响,包括功能、内容、原则、途径、方法和评估等。与此同时,心理健康教育的目标定位对受教育者在心理健康教育中所获得的、所具备的素质以及最终成为什么样的人而言,具有决定性作用。因此,科学地制订高校心理健康目标对规范我国当前心理健康教育实践具有至关重要的价值。

一、高校心理健康教育目标制订的依据

(一)要以教育为本

高校心理健康教育目标的制订要以教育为本。

教育目标具有整体性。在具体的实践过程中,需要将教学目标细分为多个方面,其中包括心理健康教育目标,它是高等教育的一个重要组成部分。高等院

校教育的目标和作用会影响心理健康教育的目标。心理健康教育的基本属性是教育性。

在当前的发展阶段，我国教育的核心目标聚焦于推行素质教育，致力于全面提升国民的整体素质，特别强调培养学生的创新意识与实际操作技能，旨在培养"有理想、有道德、有文化、有纪律"的新一代社会主义建设者和接班人。因此，心理健康教育的根本目的应当是通过增强个体的心理品质，为其全面发展与素质提升奠定坚实基础，进而有效促进人的全面成长。

与此同时，在教育功能方面，教育被视为一种有计划地促进个体全面发展和加快社会化进程的活动。心理健康教育旨在通过心理层面的培养，促进个体的发展和提升。因此，心理健康教育的目标不应只局限于满足受教育者在心理方面的适应、成长和生活技能学习，而应该致力于帮助受教育者实现心理层面的积极适应、主动成长以及幸福生活。

（二）要以人的心理为本

高校心理健康教育目标的制订要以人的心理为本。

其一，人类的大脑具有独特的属性，而心理则是人脑的机能。因此，在制订心理健康教育目标时，应该注重发掘人类大脑的潜力，并遵循人脑活动的科学规律。

其二，客观现实情况具有复杂多变的特点，而人的心理是对客观现实的一种能动反映。因此，适应并积极应对复杂多变的客观现实，是心理健康教育的重要目标。

其三，心理发展是一个逐步展开的连续过程，并具有明显的阶段性特征。心理健康教育目标的制订应紧密贴合心理成长的自然规律，有效推动并深化受教育者的心理健康与全面发展。

其四，在个体成长的过程中，心理发展呈现出明显的阶段性变化，这些变化构成了心理成长的独特轨迹。因此，心理健康教育目标的制订应当与这些心理发展的阶段性特征相匹配，以便促进受教育者在心理层面的健康成长和全面进步。通过这样的方式，我们不仅保障了教育目标制订的科学性与有效性，同时也为个体的健康成长与发展提供了更为坚实的保障。因此，心理健康教育目标的制订应该主要放在优化各种心理层面上的具体实施方面。

二、高校心理健康教育目标体系

根据相关研究，目前，心理健康教育的目标可根据不同标准划分为不同类别。

从目标的抽象性来看，可以分为总目标、一般目标和具体目标等。在具体目标方面，可以分别从纵向层面和横向层面来考虑，具体来看，从纵向层面来考虑指的是从心理发展的各个层次或不同水平的角度来分析；从横向层面来考虑指的是从心理素质的不同方面，例如认知、情感、意志以及个性等方面，来对心理健康教育的目标予以构建和完善。

（一）高校心理健康教育的总目标

心理健康教育的总目标是心理健康教育工作所要达到的预期效果。在实践过程中，总目标应该能够体现心理健康教育的基本理念，确保它与其他教育活动区分开来。

鉴于心理健康教育在教育体系中占据一席之地，其总目标的设定应当与我国整体的教育方向相契合。心理健康教育的核心追求在于全面促进受教育者的心理素质，以实现其心理健康的全方位提升，以助力和实现教育的整体目标。

心理健康教育的核心目的在于强化全体受教育者的心理素质，从而在心理层面推动他们健康成长，这为培育具有全面素质的人才奠定了心理基础。确立这一总体目标彰显了我国教育目标体系的逻辑性与丰富性。此外，实现心理健康教育的总体目标对于构建更加完善的教育体系具有不可或缺的作用，其重要性不容忽视。心理健康教育的总目标是具有理论性和抽象性的。这一愿景为心理健康教育指明了方向，并起到了引领作用，但需要将其转化为可实施的目标才能够具有实践价值。

（二）高校心理健康教育的一般目标

心理健康教育的一般目标是将总目标拆分为多个部分，反映总目标的构成。根据教育目标的分类体系，可以对总目标进行更加详细的划分。

具体而言，心理健康教育涵盖以下几个一般目标。

其一，促使受教育者形成良好的心理素质。具体到高校的心理健康教育，主要的目的是帮助大学生建立正确的自我认知和更好地接纳自己，鼓励他们正确认识自身潜在能力，激发个人的潜力，从而实现心理层面的和谐发展。

其二，是要保护他们的心理健康，预防并减少对他们心理健康造成的负面影响。例如，帮助他们制订与个人成长相符的积极生活目标，并培养他们具备责任感、使命感和创造性思维，使其学会了解周围的情况，能够更好地处理各种人际关系，更加轻松地去适应生活、工作和学习的环境。

其三，通过采用多种形式和方法来帮助他们保持心理健康，并根据受教育者的成长需求和特点来有效提升其心理健康水平。培养受教育者掌握社会规范，培养良好的道德品质和积极情绪，培养他们的意志力以及帮助其树立积极的人生观和价值观，帮助他们养成良好的行为习惯，使他们能够更好地适应学习生活，从而为适应未来社会需求打下坚实基础。

事实上，每位教育工作者都有义务进行心理健康教育，使工作的开展都与心理健康教育目标相契合，从而更好地促进心理健康教育目标的达成。

（三）高校心理健康教育的具体目标

1. 纵维目标

从心理健康教育的多维视角出发，特别要考虑个体的天性、教育培养以及心理特性。心理健康教育的长期目标主要体现为激发受教育者在心理层面积极适应环境、实现自我成长，并追求更高质量的幸福生活。在此过程中，促进个体对环境的心理适应力被视为心理健康教育的首要考量目标。推动个体在心理上实现主动、持续的发展，则是心理教育不可或缺的核心目标，而能够实现心理层面的幸福则是心理教育的最终目标。

这一说法体现了积极心理健康教育的核心理念，既阐明了其本质特点，又突显了人性和教育的作用，同时，还能够将心理健康教育与其他教育形式予以区分。

首先，积极适应。

适应是指人们与环境之间相互协调和适应的过程。人们需要调整自己以适应外部环境，并努力与其保持协调，旨在更好地满足个人的实际需求并实现既定目标。而积极适应则侧重于满足人的生存需求，实现心理层面对内外环境的协调与统一。

心理适应的积极性意味着个体在面对环境和情境变化时，其认知能力、情感态度、意志行为以及个性特征均展现出一种主动、自觉、正面的态势。它既是一种心态，也需要具备相应的能力或技能，不仅要适应环境，还要主动对环境予以改造。

例如，学生在学习的过程中，积极适应的表现是他们对认知有积极意愿，由被动学习转变为主动学习。这种状态体现在学生乐意学习、渴望学习、具备好学精神、掌握学习技能，能够积极感知、记忆、思考、想象和构建学习材料。这种适应能力是经过教育培养而非与生俱来的，特别是需要接受心理健康教育才能获得。而培养学生全面发展和积极适应各种环境变化的心理素质，也是心理健康教育与高校其他教育有所区别的核心之处。

事实上，大学生心理问题的出现往往与其无法有效应对环境变化有关。现如今，时代正在不断向前发展，在当今改革开放的背景下，人们需要具备相对较强的环境适应能力，旨在获得更好的生存条件和生活条件。因此，将心理层面的积极适应作为心理健康教育目标，可谓意义重大。

其次，主动发展。

主动发展是指主动适应环境并积极利用个体的主观能动性，挖掘并激发学生内在的心理潜能，同时不断提高个人的心理素质，以实现心理层面的更优发展。

主动发展主要包含以下几个方面的含义：

其一，发展是有明确目标和计划的，对实现发展目标的渴望通常是推动发展的一个重要原因。

其二，发展要求充分激发个人的主体意识，需要个体自觉地、积极地参与其中。

其三，由于主动意识的作用，主动发展往往会比被动发展更迅速。

其四，发展意味着积极开发心理潜能，通常需要战胜内心的惯性和懒惰，激发人们的意志力和积极特质才能实现。

心理健康教育的一个关键目标是培养个体的自主性，确保受教育者在参与任何学科活动或接受任何学科教育时都保持主动性，努力实现自我发展。若没有积极地发展自己的心性，一个人或许将碌碌无为、毫无所成，无法实现自我价值。因此，将主动发展确立为心理健康教育的关键目标，对于加速培养社会主义建设所需的优秀人才具有重大意义。

最后，幸福生活。

在这里所说的幸福，指的是个人主观感受到的幸福程度，也称为主观幸福感，与物质生活中的幸福存在一定区别。因此，"幸福生活"可以理解为在个体的内在体验中寻求幸福感，或者投身于多样化的生存与发展活动。这一理念彰显了主观与客观的统一性，进一步体现主观意识对客观世界的能动作用。当一个人在生活中拥有幸福时，他主观上能够认识到这份幸福，便会感受到幸福，但如果缺乏对幸福的主观意识，也就不会体会到幸福的存在；因此，面对生活中的逆境，个体可能会发展出两种不同的心理反应：倘若他采取悲观的解读方式，便可能深陷痛苦与不幸之中；而若他选择乐观的阐释，则会努力减轻不幸带来的痛苦感受，并寻求解决问题的方法。因此，面对生活中的逆境，个体往往会产生两种截然不同的心理反应。如果个体倾向于采取悲观的解释方式，那么这种不幸很可能会被放大，可能会体验到更多的痛苦和不幸；如果他选择以乐观的视角去阐释这一挑战，努力减轻或避免不幸和痛苦带来的感觉，进而更加坚韧地面对生活，甚至在生活的困境中寻找成长的机会并带着微笑勇敢面对。

总的来说，一个人是否能拥有幸福的生活，取决于他的整体心理素质，这反映了一个人的心理健康程度，同时也是个体心理健康的一种至高境界。

2. 横维目标

在心理健康教育的横向结构中，纵向目标的实现可以涵盖多个领域，包括认知、情感、意志、个性和人际关系等。这些不同层面各自承载着独特且具体的教育目标，共同构成了心理健康教育的全面框架，这便是心理健康教育目标心理化在实践过程中的具体呈现。换句话说，心理健康教育的横维目标是上述纵维目标的具体化。

其一，认知目标。

认知是指包括感知、记忆、想象、思维等在内的各种认知形式，是心理学领域中常用的一个术语。一般来说，人们将其视为人类心理过程的一部分，简称为"知"，并将其与"情""意"并列。具体表现在以下几个方面。

（1）积极适应目标

在认知方面，首先，要确保观察具有目的性和全面性，避免盲目和片面的观察；其次，要确保记忆准确且有组织，避免记忆含糊和混乱；再次，强调促进想象力的主动性和多样性，避免陷入想象的被动和单一模式；接着，保持头脑的灵活和活跃，避免陷入固有的思维模式或僵化状态；最后，需要确保注意力集中、精力充沛，避免分散注意力和精力消耗。在具体的实践过程中，大学生可通过积极的学习态度和有效的学习方法，掌握有效学习的认知技巧和策略。

（2）主动发展目标

除了促进积极适应，还需要培养受教育者的智力和创造力，提升他们的注意力、观察力、记忆力、想象力、思维力和创造力，帮助他们不断发展和挖掘优秀的认知特质，以提升自我效能。同时，帮助受教育者发现和认可自己的优势能力，正视不同个体间的智力多样性，鼓励并支持他们充分挖掘自身潜力，找到适合自己的成长道路和领域。

（3）幸福生活目标

让大学生享受学习，培养他们对教育的热爱，提高他们学习的积极性，并促使他们在学习中感受到乐趣。让大学生认识到幸福的重要性，懂得欣赏美丽事物、创造美好生活，培养他们感受和创造幸福的能力。

其二，情感目标。

从现实角度来看，受教育者个体的认知和情感发展是密不可分的。情感，作为人类对外界现实反应的核心组成部分，情感教育的核心目的在于引导大学生获得健康、成熟的情绪反应和情感体验。情感教育致力于提升大学生的情绪管理能力与情感表达能力，从而有效预防潜在的心理问题，促进他们全面发展。情感教育可作为解决大学生心理和行为问题的一种途径，有助于提升大学生的心理健康水平，让他们充分发挥自身潜力。因此，情感教育作为高校心理健康教育的重要组成部分，旨在培养受教育者的社会情感素养，同时提升其情感调节能力。

情感目标根据纵维目标提出不同要求，具体表现在以下几个方面。

（1）积极适应目标

情绪方面，包括学会辨别、认知和表达情感，努力避免出现冷漠、冲动、紧张、焦虑、抑郁、嫉妒、情绪波动等不利情绪。掌握情绪的驾驭和平衡，管理情绪和释放情绪，促进情感成长和培养情感。

（2）主动发展目标

培养受教育者爱祖国、爱集体、爱人民的高级社会情感；培养受教育者对工作的热爱和敬业精神；培养受教育者义务感、责任感、成就感和荣誉感；培养受教育者对科学、知识和真理的热爱和求知欲；培养受教育者对美丽、愉悦和幸福的重视；增强受教育者的情绪智慧和情绪管理能力，帮助他们学会自主控制和调整情绪。

（3）幸福生活目标

幸福生活目标致力于提升大学生的生活品质，提升他们的主观幸福感，增进大学生的沉浸体验，使其能够忽略一切干扰因素，投入一种活动，而这完全是出于对活动本身的热爱。

其三，意志目标。

意志是指一个人有意识地设定目标，然后在行动过程中授予、管控和调整，以达到既定目标的心理活动。高校心理健康教育的一个主要目标是培养健全的意志品质。高校心理健康教育的目标在于协助大学生提高应对压力的能力，促进健康素质的培养。

（1）积极适应目标

在决策过程中，应该避免受到他人的影响以及避免自身过于武断，不要被情绪左右，也不要优柔寡断或者草率地做决定，要努力培养自己意志坚定、果断、坚韧和自控的品质。

（2）主动发展目标

与此同时，激励大学生制订活动计划，并在执行过程中尊重客观规律，接受他人合理建议，自觉遵守规则，突破困难，增强挫折承受力和适应能力，以便更好地完成既定目标。

（3）幸福生活目标

教导大学生保持对健康爱好和追求快乐生活的坚持，并感受努力奋斗所带来的乐趣。

其四，个性目标。

在拉丁语中，有一个词汇persona，而个性的概念便是来源于这个词，persona指的是古希腊和罗马戏剧时代演员在舞台上戴的面具，这些面具代表角色在剧中的身份。心理学家们一直将个人在生活中展示出的各种行为和心理活动视为其个性的体现，也就是说，个性是个体心理特征的总和，它反映了一个人独特的心理倾向和行为模式。在高等院校心理健康教育的背景下，个性发展的目标可具体阐述为两大核心：一是增强个体的社会适应能力，使其能够更好地融入并贡献于社会；二是优化和提升个体的个性品质，具体表现为：

（1）积极适应目标

在个性方面，应该避免孤僻、无礼自大、缺乏自信、随性懈怠、逃避责任等不良品质，而应注重培养学生自主、自信、自律、独立、积极、负责、乐于助人、真诚等优秀品质。

（2）主动发展目标

重视塑造大学生的自尊和自信心，培养他们阳光、积极、乐观的性格特质，不断发展积极的个人品格，并发掘其中的潜在积极力量。人格中的积极力量可以表现为对事物的探索和好奇心、热爱学习、创造性思维、理性思考、批判性思维以及开放心态等。

（3）幸福生活目标

注重培养一种阳光开朗、乐观向上的积极人格。在业余时间里，努力追求并享受各种有益健康的实践活动。

其五，人际关系目标。

人际关系是由人们互相交往而形成的一种心理连接，反映了个体或群体满足社会需求的心理状态，表现了人们在互动中的关系深度、密切程度以及和谐程度等心理层面的联结。人际关系的质量对心理健康至关重要，大学生如何处理各种人际关系，反映了他们的心理健康水平。因此，对人际关系相关的心理健康进行教育变得至关重要。

（1）积极适应目标

在人际交往中，最好不要被恐惧或敌意所左右，而是应当保持自己的独立性，善于沟通交流，自信，能够尊重、信任、包容并理解他人，能够在群体中与他人和睦相处。

（2）主动发展目标

使大学生能够主动参与社交互动，有效地克服心理障碍，培养他们建立和谐人际关系的意识和能力，并主动促进亲子、师生和同学之间的和谐关系。

（3）幸福生活目标

激励受教育者学会善于运用人际关系资源，从而获得乐趣。

最后需要注意的是，心理健康教育目标是一个涵盖广泛的综合概念，应该构建一个完整的框架。本书探讨了心理健康教育目标定位的整体框架，包括不同层面的目标如各类高校、不同年龄段、具体课程目标和教学目标等。微观层面的目标需要与宏观层面的目标相结合，接受其指导才能确保其朝着正确的方向前进，从而充分发挥心理健康教育目标的引导作用。

第二节　高校心理健康教育的内容

我们将心理健康教育的纵维目标界定为积极适应、主动发展和幸福生活，心理健康教育的内容是为目标服务并受目标制约的。因此，本书将心理健康教育的内容概括为三大方面：积极适应型心理健康教育、主动发展型心理健康教育和休闲幸福型心理健康教育。

一、积极适应型心理健康教育

（一）学习上的积极适应

按照积极心理健康教育的观点，学习上的积极适应最重要的是要提升学生的学习力。学习力，狭义上亦被称为学习能力，其概念根源可追溯至1965年，是由美国系统动力学领域的先驱佛睿斯所倡导的学习型组织理念。这一思想为学习力的形成与发展提供了重要的理论基础。自学习力概念提出以来，学者们对学习力的构成要素形成了不同的认识，学习力可以分为组织学习力和个人学习力。

就个人学习力来说，普遍观点认为，学习力涵盖了个体的学习驱动力、坚持力和能力。相似的看法进一步将学习力定义为包括个人或团队获取知识的动力、能力、内化和外化知识的综合能力。这种能力实际上涵盖了人们从吸收知识到运用知识，并最终改变工作与生活状态的全过程。具体来说，学习力主要包含以下几个核心要素：首先是知识获取的动力，即学习动力，它源于个体的学习动机，是推动学习的根本力量；其次是知识获取能力，这是指个体在顺利完成学习活动时所必需的心理特征，反映了完成学习任务的可能性，包括有效的学习方法、良好的学习习惯以及高效的学习效率；再次是知识内化能力，即个体对知识进行记忆、吸收、思考与消化的能力；最后是知识的外化能力，是指个体根据具体情境，灵活运用所学知识，将其转化为实际价值并进一步创造新知识的能力。这些要素共同构成了学习力的全面框架，体现了学习过程的复杂性与多维性，表现了人们对知识的应用、复制和创新。

可见，学习力是学习动力、学习毅力、学习能力和学习创新力的总和。

（二）人际关系的积极适应

人际关系是人们为了某种需要通过交往形成的人与人之间相对稳定的心理上的关系，主要表现为心理上的远近、亲疏和厚薄。人们很在乎同周围人的人际关系。所谓人际关系的积极适应，即积极主动、乐于、善于建立并维持和谐的人际关系。作为大学生来说，就是要做到对师生关系、亲子关系、同伴关系和异性关系均能够良好地适应。

从现实角度来看，大学生的社会交往和人际关系，对他们的成长而言是至关重要的。帮助大学生主动适应社交环境，需要对他们进行人际关系指导与培养。人际交往的指导与培养是指借助心理健康教育的核心理念与技巧，提升大学生在人际交往中的沟通与互动能力，有效应对并克服他们在人际交往过程中可能遭遇的种种挑战与障碍，有效改善人际关系质量，从而更好地促进大学生的个人成长和发展进步。因此，人际关系的指导与培养也被称作社交指导或人际互动教育。人与人之间的关系出现不和谐时，可能会导致大学生产生一定程度的偏激行为，进而对学习造成负面影响。不仅如此，人际关系的问题也可能引发心理健康方面的疾病。因此，对与人际关系相关的心理健康进行教育变得至关重要。在实践工作中，高校的心理健康教育应该向大学生传授人际交往的技巧和能力，帮助他们更好地学会尊重、理解、信任和包容他人，掌握良好的交际和合作技巧，切实减少人际关系方面的矛盾和冲突，提升其人际协调能力，旨在更好地促进人际关系的和谐。

从心理健康的维度审视，人际关系被认为由四个基本要素构成：个性特质、认知理解、情感态度和行为表现。因此，在构建人际关系指导与教育的内容时，应紧密围绕这四个方面展开，以确保其全面性和针对性。

在个性方面，应该重视个性修养的提升。通常情况下，那些具有虚伪狡猾、心胸狭窄以及猜忌多疑个性的人，通常较难维持良好的人际关系，相比之下，诚实坦率、宽容豁达、谦虚热情的个性更有助于促进融洽的人际关系的形成。因此，提升个性修养在人际交往中起着至关重要的作用，有助于维护健康、积极的人际关系。

在认知方面，要使大学生掌握有关知识、调整认知结构和克服人际偏见，首先要使大学生掌握有关人际交往的知识；其次，要善于调整认知结构；最后，要克服人际偏见。

在情感方面，要主动、亲切、热情。做到真诚地关心他人，要尊敬师长、爱护同学、热情助人。对人冷酷的人不可能有良好的人际关系。

在行为方面，一要学会交往技能。诸如聆听的技巧：耐心聆听、虚心聆听、会心聆听；谈话的技巧：选择话题、讲究对话、转移话题等；言语交往技巧：服饰技巧、目光技巧、体势技巧、声调技巧、距离技巧等。二要学会调适策略，要指导大学生对人际交往中出现的种种心理问题进行调适。

（三）应考方面的积极适应

考试是教学评价的方法之一。作为一种评估学生基本知识、基本技能掌握状况以及能力发展水平的工具，考试在教育过程中扮演着至关重要的角色，并且是教学流程中不可或缺的一环。它对于教育管理部门而言，同样具有重要意义，有助于了解学生的学习成效，进而为教育决策提供数据支持。对教育管理部门来说，考试是评估教学质量、检查教学效果和考核教师业绩的重要依据；对教师来说，考试有助于获得教学反馈信息、了解学生学习情况和检验教育教学效果，以便能更好地总结教学经验和改进教学工作的有效方法；对学生来说，考试是了解和检验自己学习状况、明确努力方向、调整学习计划及激励进取精神的必要手段。

应考的积极适应就是要正本清源，恢复考试的本来功能，使学生正确对待考试，以坦然的心态对待考试。然而，要真正做到，绝非易事。许多学生在参加考试，特别是和升学、择业密切相关的重大考试时，常会出现一些诸如焦虑、恐惧一类的应试心理问题。正因为如此，做好应试心理指导，也是高校心理健康教育不容忽视的内容。应试心理指导的内容颇多，为了确保学生的全面准备和良好心态，教育过程中应涵盖多个维度的心理指导。这些指导不应局限于考前复习，还应包括考前心理调适，以帮助学生克服潜在的考试焦虑。同时，我们也需要提供关于应试技巧的心理辅导，帮助学生掌握有效的应考方法。此外，考试后的心理引导同样重要，它涉及学生对考试结果的归因分析，无论是内部因素还是外部因素。最后，还应关注学生的身心健康，确保他们在考试期间能够保持良好的身心状态。这些综合的心理指导措施，旨在为学生提供一个全方位的支持体系，助力他们在考试中取得优异成绩。

二、主动发展型心理健康教育

在建构主义视角下，学生的积极心理品质被视为他们主动塑造的成果。因此，在心理健康教育的实施过程中，激发学生的内在动力，培养他们的主观能动性显得尤为重要。这种主动性的培养，旨在引导学生构建和强化积极心态，这不仅是心理健康教育的核心目标，更是其追求的理想状态。通过这一过程，学生能够更好地掌握自身心理发展的主动权，实现个人成长与心理健康的全面提升。主动发展型心理健康教育的主要内容涵盖以下几个方面。

（一）主动建构积极的认知品质

所谓主动建构积极的认知品质就是要树立建构主义的理念，积极主动地培养大学生感知、记忆、思维、想象等方面优良的心理品质。

经过对文献的深入探究，我们得知人类智力具有多元化的特性，涵盖语言理解力、空间认知力、人际沟通力以及身体运动力等多个方面。接纳并认可个体间智力的差异性，不仅彰显了一种科学的认知方式，更体现了面对差异时的坚韧与勇气。这种态度对于促进个体发展和社会和谐具有重要意义。

在实践中，应该积极看待个体之间的智力差异，重视发扬自己擅长的领域，即"扬长"，能够认识到不同个体具有不同的优势智力。培养积极的认知素质，关注并发展智力潜力，充分利用个人天赋，重视提高自身的注意力、观察力、记忆力、想象力和创造性思维能力。通过了解和认可个人的领域特征，激励并支持个体充分发挥优势，旨在找到最适合自己的成长方向和发展领域。

（二）主动建构积极的情绪

1. 积极情绪的基本内涵

在积极心理学的研究范畴中，积极情绪被定义为个体在进行有益行为和内心活动时所自然流露的情绪状态。这一状态侧重于提升个体的幸福感、满足感以及愉悦感，进而培育出一种积极向上、热爱生活的态度。积极情绪体验不仅是积极心理学研究的核心要素，更是塑造个体心理健康和幸福感的关键所在。研究表明，个体心理健康的一个关键指标是积极情绪水平，它对于维护和改善心理健康起着重要作用。

在人们生活的各个领域，情绪或情感随处可见，因此，教育内容的构建应当呈现多元化和丰富性。具体而言，它涵盖了培养个体的多维情感，如对于国家和集体的爱国情感、对社会的集体荣誉感以及亲民的人民情感；同时也包括了人与人之间深层次的情感联系，如亲情的温暖、友情的真挚和爱情的深沉；再者，对于职业的热爱和对于岗位的敬重，亦是教育内容不可或缺的部分；最后，激发个人对知识的热爱与对科学真理的不懈追求，也是教育内容中极为重要的组成部分。同时，重视培养人们承担责任、履行义务、珍视荣誉等，旨在让人们能够正确处理个人和社会、个人与他人之间的关系。更进一步而言，情商的培养同样至关重要。它不仅有助于个体提高对情绪的敏锐感知和准确评估，还能加强表达情感的能力。这种培养将增强个体对情绪发生原因的认知，提升处理复杂情感问题的能力，最终使个体能够实现高效的情绪调节和管理。培养人们审美能力的提升，借此提升人们的生活品质，并帮助其更好地领悟人生的真谛，更好地促进自身的成长与发展。

2. 积极情绪的主要功能

尽管积极情绪的确切定义在学术界尚无定论，但在与学生的学习关系密切的情绪——学业情绪的功能方面，已取得一些共识。以下进行具体论述。

其一，积极学业情绪可以促进认知。

在探讨情绪对个体认知过程的影响时，传统观念倾向于认为负面情绪会干扰注意力，进而消耗认知资源。然而，最新的研究揭示了积极情绪在此过程中的不可忽视作用。研究人员基于学习任务与情绪的关联性，将情绪细化为外在与内在两种类型。具体而言，外在情绪主要关联于环境、人际及个人自身的情感体验；而内在情绪则聚焦于任务本身的特性以及执行任务过程中产生的情感状态。这种分类深化了我们对情绪如何影响注意力及认知资源的理解。

其二，积极学业情绪有利于掌握良好的学习策略。

以往研究证实，在学术研究中，我们观察到积极学业情绪（非放松状态）对学生的学习策略具有显著的正面效应，它们能够激发学生的灵活性和创造性，使学习策略的运用更加高效和多样。与之相对，消极的学业情绪虽然存在，但对学生学习策略的影响相对有限，其负面效应往往短暂且微小。这一发现对于理解情绪在学生学习过程中的作用提供了新的视角。同时，高度激动的情绪会对学习策略产生更大影响，而消极的学业情绪与刻板的复述策略之间呈现出正相关的特点。

其三，积极学业情绪可以促进自我调节。

自我调节学习是指个体以灵活的方式规划、监督和评估自己的学习过程。这种方式不仅有助于学生提高学习效率，还可以提升他们的学术表现，是一种优秀的学习技能。过去研究已经显示，学习情绪对自我管理学习的认知和激励过程起着重要作用。

其四，积极情绪可以增强抗压能力。

弹性个体，是指相较于一般人群更容易激发积极情绪的人。在日常生活中，这类情绪弹性者展现出了积极的适应性，他们能够迅速且高效地从压力和消极情绪中恢复过来，并展现出灵活多变的能力，以应对不断变化的环境挑战，就像弹簧一样具有弯曲和伸缩的能力，但并不会受到损坏。在相关实验中，在探究心理弹性与情绪反应之间的关系时，我们采用了高压任务法来诱导参与者的消极情绪体验。研究表明，在面临压力任务前以及任务执行期间，高心理弹性的个体展现出更为积极的倾向，他们更易于在压力中感受到愉悦、兴趣等积极情绪，显示出其独特的情绪调控能力。

（三）主动建构积极的意志品质

在实践过程中，我们需要主动去建构积极的意志品质，具体如下。

其一，重视培养意志的独立性，能够独立思考，坚持真理并具备较强的自信心。

其二，重视培养意志的自觉性，注重个人努力确保其行为具备明智的目标和崇高的社会意义，同时在行动中能够尊重客观规律，同时谦虚地接受他人的合理建议，并自觉遵守规章制度，以达成合理目标。

其三，重视培养意志的决断性，在日常生活和社会互动中，我们应敏锐地观察事物的发展动态，搜集并掌握充分的信息资料。通过对这些信息进行深入的分析与比较，我们能够更加清晰地辨识事实真相，从而迅速且果断地做决策。一旦决策执行，若遇到变化或需要调整，我们也应能迅速识别并适时停止或调整既有决策，以适应新的情境。

其四，重视培养意志的坚毅性，可以持续保持学习和工作的内驱力，面对挫折时不会气馁，面对困难时不会退缩，具备坚韧不拔的品质。

其五，重视培养具备坚定意志的自制力，比如能够战胜疲劳、负担过重知识和能力不足等困难，以及克服个人方面的担忧、胆怯、恐惧等情绪的干扰；即使是在面临失败和困难时，依然能够忍受痛苦和磨难，保持冷静思考，并勇敢地面对挑战。

（四）主动建构积极的个性品质

在日常生活中，人们通常会认为固执、要强、直率和倔强的人很有个性，而缺乏个性的人通常被描述为平和、柔和、文静、斯文等。这一观点不太准确，至少可以说是片面的。需要注意的是，在心理学领域中，关于个性的定义与我们在日常生活中所用的"个性"这一词汇有所区别。在心理学领域中，上述的这两种人具有两种不同的个性特征，这些特征在一定程度上受到遗传因素的影响，经过后天不同的生活和经验的影响而逐渐发展成形，呈现出一种带有倾向性的心理特质，而这便是一个人在精神层面或者心理方面与他人之间的区别。由此可见，无论个性特征是鲜明的还是平和的，无论是哪种倾向性，都反映了个体的一种特质，都代表着一种个性。

每个人都拥有自己的心理特征，精神面貌人人不可或缺。从这个角度来看，每个人都有其独特性。在实践中，一个人的行为和生活方式会受到个性的直接影响，不仅如此，个性对一个人的命运和未来也有着重要的影响，在人们的心理健康层面它也扮演着至关重要的角色。因此，可以这样说，良好的个性不仅仅是心理健康的中心内容，同时也是心理健康的重要标志。

三、休闲幸福型心理健康教育

幸福的主观性很强，不同的人有不同的理解，我们很难对幸福进行明确的界定。目前多数心理学家从人的主观精神层面去探讨幸福，并将这种主观感受到的幸福称之为主观幸福感（subjective well-being 简称 SWB）。比较公认的观点是，幸福与多种心理因素相联系，包含了幸福的感情、需要、认知和行为等诸多因素。幸福是人类的追求，古今中外的思想家从不同的角度对幸福进行了研究，提出了各种各样的幸福观。

我们这里所说的休闲幸福型心理健康教育是指运用心理学的理论和方法，对个人学习和工作之外的生活，诸如休闲、娱乐、消费、健康、日常生活和社会时尚等进行指导和教育，通过培养个体健康的生活情趣、乐观向上的生活态度和良好的行为习惯，帮助个体感知、体验和创造幸福生活，学会享受生活，提高生活质量，增强个体的主观幸福感，以促进学习和工作效率的提高以及个性的健康发展。休闲幸福型心理健康教育包括的内容和层面很多，我们侧重从以下几个方面进行阐述。

（一）休闲幸福教育的内涵

休闲活动对于人的社会化发展至关重要，它在个人素养、人格和价值观养成以及心理健康方面具有显著的影响，因此在人们生活中扮演着至关重要的角色。

而休闲幸福教育指的是，通过心理健康教育的相关理论知识和技术，帮助人们更好地树立正确的休闲观念和态度，获取必要的休闲知识和技能，学会选择有益的休闲活动方式，旨在让人们获得更加充实、丰富多彩的休闲生活，从而更好地提高人们的生活品质以及能带给人们主观幸福感的教育的水平。

（二）高校休闲幸福教育的开展

就高校来说，休闲幸福教育的内容要从以下四个方面入手：

1. 帮助学生树立正确的休闲意识

休闲不仅仅是指消遣、娱乐和放松，更是一种促进身心健康、重新塑造生活的活动。休闲的本质是自由。把"休闲"等同于"游手好闲"或"玩物丧志"是不正确的，这种错误的观点没有认识到休闲的真正价值。因此，要想有效推行休闲教育，必须树立正确的休闲观念。休闲教育的核心在于培养人们对休闲重要性的认识，它强调休闲不仅是日常生活的一个组成部分，而且是一种能够提升生活品质的综合性活动。它致力于唤醒个体对于休闲的深层认知，强调理解休闲对个人成长与发展的意义，并倡导对工作、学习与休闲之间关系的合理把握与平衡。

在生活中，合理地安排和利用休闲时间对于丰富个人生活、促进个人成长以及推动社会的发展具有显著作用。然而，若休闲时间被不当使用，不仅可能对个人的身心健康造成损害，还可能破坏家庭的和谐，减少工作效能，并对公民的责任感产生负面影响。因此，大学生在选择休闲方式时，应当审慎考虑，选择与自身价值观和社会价值观相契合的休闲活动。这样一来，才能使休闲活动的积极作用得到真正发挥。

2. 适当开设休闲方面的课程与讲座

在具体的实践过程中，高校应当通过教学帮助大学生掌握休闲方法，提高他们的休闲品位，以确保他们能够有效地利用现在和未来的空闲时间。在课程安排上，可以在空闲时间设置一些选修课程，涵盖文学艺术、人格修养、历史、哲学、心理学等内容，充分利用学习资源。在讲座开展方面，可以积极策划并邀请校内外知名专家学者，就当前大学生普遍关心的热点问题以及重要的思想现象，开展一系列具有深度与针对性的专题讲座。

不仅如此，还可以开设各种形式的培训课程，比如计算机、英语、公关礼仪、书法、美术、健康舞蹈等。这种做法不仅能够增加大学生的休闲选择，同时也能让他们掌握一门新技能，培养良好的休闲习惯，有助于其在健康的休闲活动中促进身心健康，从而更好地实现个人的成长和发展。

3. 组织开展丰富多彩的校园活动

在学校学工部门与团委的精心引导下，学生社团能够高效地利用校园内文化设施和活动空间，并深入挖掘社会文化资源和大众传媒的潜力，组织和开展多样化的学术讲座、文艺演出、体育竞技以及实践操作等活动，丰富校园文化生活。

为了充实大学生的课余时间，可以开展不同类型的社团，例如社会实践型、学术科技型、理论学习型、社会公益型社团等，为大学生创造一个展示个性和活力的平台，旨在激发他们对提升素质和发展兴趣的热情，使其闲暇生活的品质得到切实提高，从而促进大学生的全面综合发展。

4. 积极开展各种社会实践活动

高校可以积极开展各种社会实践活动。通过老师的指导，大学生可以深入社会实践，增进对社会情况的了解，拓宽自己的视野，提升学习的能力，提高认识水平，活跃思维。在实际活动中，学生不仅可以思考，还能实践，受益匪浅。这些社会实践活动包括社会公益活动、支农劳动、支教活动等。

通过参加这些社会实践，大学生能够更好地发现自我的价值，进一步提升自己的自信心。与此同时，通过为他人提供帮助，学生自己也会感受到快乐，从而有利于其树立起积极向上的人生观和生活态度。

（三）幸福心理健康教育的能力培养

从实践角度出发，人们都渴望获得幸福，都在向往和追求着幸福。但是，追求幸福并不能够保证可以获得幸福。获得幸福是一种技能，个体需要具有实现幸福的能力和对幸福的感受力，而这些能力都需要通过学习和教育的培养逐步积累发展的。而这便是幸福心理健康教育的第一要务，帮助学生发展感受、体验和创造幸福的能力。

1. 个体理解幸福的能力及其培养

人们对幸福的理解因个体差异和环境因素而有所不同，同时，个人的幸福体验也会随着时间、地点和处境的变化而产生多样性。拥有正确的幸福观念，并不断丰富对幸福含义的认知，这就是理解幸福的能力。鉴于个体的经济差异性、生活轨迹的多样性、文化背景的复杂性、思想倾向的多元化、个性特质的独特性，以及身体健康状况的不同，每个人的综合情况都呈现出了显著的不同，导致他们对幸福的看法和体验存在着多种多样且难以统一的理解。

从现阶段发展来看，我国正处在一个急剧的社会转型时期，不健康和消极的观念对大学生的价值观和道德意识造成了严重影响，导致一些大学生受到了社会不良风气的影响，开始追求所谓的"洋""奇""奢"以获得幸福感。

例如，有的大学生热衷于追求那些格调低下的艺术作品、颓废的生活方式或是庸俗的娱乐形式，以迎合自己的感官欲望；在大学生群体中，不乏来自优渥家庭的学生，他们往往对物质生活的追求显得过于盲目，将物质享受视作衡量幸福的标准。比如在奢华的餐厅用餐，追求穿戴知名品牌的服饰，甚至在同学庆生时，不惜花费巨额资金，这样的现象在现实中屡见不鲜。然而，这种过度追求物质的行为，往往忽视了精神层面的满足和成长，值得引起我们的深思。这种强调物质享受、追求感官刺激的消费观念，会使大学生忽视内心世界的发展，失去对真正幸福的理解，陷入追逐金钱利益的空虚境地。因此，要想切实帮助他们纠正对幸福的不正确认识，就需要重视幸福教育，重视在幸福教育实践中培养他们感知和理解幸福的能力。

2.个体感受幸福的能力及其培养

对于同一情况或相同处境,有些人觉得幸福,有些人觉得乏味,还有些人可能感到不愉快。人们感受幸福的程度会因个体身心发展独特性、人生观和人生经历等因素的不同而有所差异,而另一个重要因素则是个人对幸福的敏感度在不同程度上存在差异。具体来说,幸福就是能够找到快乐的来源,在珍视和回味的事物中感受愉悦,并享受到幸福、舒适和宽慰的感觉。现如今,尽管许多大学生享有舒适的生活条件和良好的学习环境,但他们对自己生活的目标和意义感到困惑,容易陷入消极情绪,甚至出现严重的心理问题,究其原因,可能是由多方因素导致的,但缺乏感知幸福的能力是其中的一个重要成因。

3.个体创造幸福的能力及其培养

创造力是人类天赋的展现,也是自由和幸福的源泉。人的创造能力与幸福密不可分,人类的幸福并非固定不变,而是通过实际创造来实现的。换句话说,每个人都可以成为自己幸福的创造者。

第三节 高校心理健康教育的评估

评估是教育工作中重要的组成部分,是提高和优化教育质量的重要手段,无论是哪个领域的教育工作,评估都扮演着至关重要的角色。研究结果显示,评估方法和技术在一些高校开展网络心理健康教育方面的发展受到了限制。所以,随着网络心理健康教育实践的逐步推进,必须相应地加强对高校网络心理健康教育工作的评估。从发展的角度来看,研究强化媒体及网络心理健康教育评估具有举足轻重的实践意义。以下主要关注对高等院校媒体及网络心理健康教育的探索。

一、高校网络心理健康教育评估的内涵

(一)高校网络心理健康教育评估的概念

对心理健康教育评估的概念予以一定的把握,是了解网络心理健康教育评估概念的重要前提。就目前而言,关于心理健康教育评估的概念尚不统一,有学者指出,心理健康教育评估旨在对心理健康教育的整个过程和成果进行客观分析和

评价。也有学者认为，心理健康教育评估是通过科学的方式和手段收集关于学校心理健康教育工作的客观数据，评估其目标的实现情况，并对成果和挑战进行合适和客观的评价。整合与提炼上述观点，我们可以更为精确地界定心理健康教育评估的核心内涵。第一，心理健康教育评估的目标，其核心意义与心理健康教育的宗旨相契合，即共同聚焦于促进学生的心理健康发展。第二，心理健康教育评估不仅具有监督与识别的功能，更侧重通过评估结果引导并促进改进措施的制订与实施。因此，我们可以得出结论：心理健康教育评估的核心定义涵盖了目标的一致性、监督识别的功能以及引导改进的重点。第三，在心理健康教育评估中，结合客观事实的分析和主观价值的判断，不仅涉及评估教育过程，还包括评估教育成果。

随着网络时代的不断发展，我们可以通过网络平台来对网络心理健康教育的效果予以评估。基于此，教育评估的概念可以被重新表述：网络心理健康教育的效果评估的宗旨在于根据既定的教育目标，确立与之相应的评估标准和流程，并借助科学手段，对网络心理健康教育的实施效果进行客观的评价。进一步强调了评估的针对性和科学性。

在具体的实践过程中，高校网络心理健康教育目标评估需要根据总体教育目标开展，通过教育目标评估、过程评估和结果评估等方式，引导大学生发展心理潜能，增强心理素质，培养心理健康的个体。高校网络心理健康教育的过程评估侧重于执行性评估，旨在监测网络心理健康教育进展情况，识别可能存在的问题，给予及时反馈，从而提高教育质量。在评估高校网络心理健康教育成果时，重点聚焦在结果性评估，关注大学生的心理发展轨迹和个体发展特性，进而对网络心理健康教育的实际成效进行系统的梳理和总结。

（二）高校网络心理健康教育评估的特征

1. 评估主体的多元化与专业化

在对高校网络心理健康教育进行评估的过程中，我们能够发现，评估主体表现出两种特点，即多样性和专业性。在既往的大学生心理健康评估体系中，往往由教育者和相关管理机构掌握主要话语权，从而限制了参与者的多样性。然而，互联网的开放性和互动性为构建一个更加多元化和包容性的评价主体结构提供了新的可能性。在这一新模式下，评价主体可以涵盖网络心理健康教育领域的专家、心理健康教育行业的从业人员，以及教育主管部门的决策者、学校的教职员工。更值得一提的是，大学生自身及其家长也可以成为重要的评价参与者，从而共同构建一个更为全面、多维的评价体系。

另一方面，由于网络心理健康教育的复杂性和专业性，评价者面临着较高的专业要求。构建一个包含心理健康教育、网络技术应用以及专业评估技能在内的综合知识体系，对于评价者来说至关重要，要求评价者具备跨学科的多元化知识结构，即评价队伍需要更高的专业水准。

2. 评估内容的全面性与针对性

网络心理健康教育是一项具有综合性特点的工作内容。在高校网络心理健康教育评估中，评估内容呈现出全面性和具体性的特点。以下分别对全面性和针对性进行了相关论述。

高校网络心理健康教育评估内容包含了多个方面的内容。为了保证评估的全面性，必须设计多方面的评价标准，全面审视网络心理健康教育工作的目标、过程和成果。评估指标应该能够全面覆盖网络心理健康教育的各个方面和阶段，确保所有重要内容都包含在内，不容忽略任何要点。在研究网络心理健康教育工作时，应全面考量各方面因素，为了提升评估的可靠性和实效性，我们需要全面考虑与网络心理健康教育密切相关的各种要素。

在探讨高校网络心理健康教育的评估时，必须确保评估内容具有明确的目标和针对性。评估工作不仅要深入探究教育活动的实际效果，涵盖教育内容、方法以及教育过程的详尽评估，还要依据网络心理健康教育的独特性来明确核心评估要点。相较于传统的心理健康教育模式，网络心理健康教育在发展性辅导方面展现出了更大的优势，并且更适宜采用团体咨询的形式。因此，在高校进行网络心理健康教育评估时，应充分考虑并重点评估这些特性。

3. 评估场所的虚拟化与现实性

高校网络心理健康教育评估的场所同时具备着虚拟性和现实性的特征。

一方面，在传统的心理健康教育评估过程中，面对面的沟通交流占据着主导地位，这不仅包括评估团队成员之间的交流，还涵盖评估者与被评估者之间的互动。从实际操作层面看，对高校网络心理健康教育进行评估时，真实的、面对面的沟通环节仍然不可或缺。

另一方面，信息技术的持续进步，特别是互联网技术的广泛应用和深入融合，高校网络心理健康教育评估正逐渐突破地域限制，展现出更为广阔的空间和潜力。如今，不论评估主体的类型如何更改，均可借助互联网上的新媒体工具进行远程评估。计算机网络技术构建了一个类似传统面对面评估环境的虚拟协作空间，使身处不同时空的评估者能够如同在同一空间内一样协同作业，并支持不同时空的、相互关联的成员进行合作。在这一虚拟评估平台上，评估者可以实时与其他评估成员以及被评估者进行沟通。

4. 评估方法的智能性与自主性

在探讨高校网络心理健康教育的评价体系时，其评价方法的显著特性体现在高度的智能化与自主性。高校网络心理健康教育评估方法具有智能性。评估专家能够利用先进的数字化评估工具，整合网络资源与技术手段，替代传统的人工统计、计算以及追踪调研方法。这种做法不仅提升了工作效率，还有助于降低操作成本，展现现代化评估方法的优势。

在传统的心理健康教育评估中，通常会通过人工登记、更新、统计和计算受众的各种数据，这种方法不仅效率低，而且成本高。同时，随着高新技术的普及，评估数据的数字化存储已成为常态，使得评估者能够高效地通过网络平台进行数据的传输和检索。这种数字化的转变有效克服了传统心理健康教育评估过程中，由于信息以纸质形式记录而产生的不便和限制，如表格冗杂、查找困难以及使用效率低下等问题，从而极大地提升了评估工作的效率和便捷性。

高校网络心理健康教育评估方法具有自主性。评估者借助数字化图书馆、数据库等资源进行信息检索，不会受限于时间和空间，利用网络平台与评价对象进行公正、自由的交流和讨论，评估者可以自主利用专业的资源平台，如网络心理健康教育评估网站以及评估专家的个人网页等，以充分发挥这些资源的优势，提升评估的质量和效率。

5. 评估行为的社会化

高校网络心理健康教育评估的行为呈现出社会化的特征。然而，就现实角度而言，传统心理健康教育评价常受到时间、地点及环境等多重外界因素的制约，其社会化特质在实际操作中并未得到充分彰显，这一特性相对较为隐性。

网络信息技术的全面渗透，打破了时间和空间的限制，为高校网络心理健康教育评价活动随时随地进行提供了可能，极大地增强了评价的灵活性和实时性，让全社会都有机会参与提供评价资源。随着这种变革的推进，高校网络心理健康教育的评价工作正逐步向社会化方向发展，并能够在更广泛的领域内开展。信息技术的广泛渗透使高校网络心理健康教育评价得以打破传统时空和地域限制，使评价活动得以灵活性开展。这种灵活性极大地扩展了参与评价的范围，允许更广泛的社会成员贡献其评价资源。因此，这促进了高校网络心理健康教育评价的社会化发展，允许评价活动在更广泛的领域内展开。

二、高校网络心理健康教育评估的指标

（一）高校网络心理健康教育评估指标建立的原则

1. 客观性原则

指标设计客观，能够为科学、准确的评估奠定一定的基础。因此，维护客观性原则至关重要。可以这样说，客观性原则要求评估指标需要基于科学知识和客观规律，以确保评估结果的准确性。因此，为了更准确地揭示评估对象的实际情况，建立高校网络心理健康教育的评估指标必须务实可行，符合实际情况。在制定评估标准时，最好采用可量化的标准，这对评估标准体系的有效实行而言至关重要，同时，也应最大限度地减少主观因素的影响。

2. 整体性原则

从实践角度出发，构建的评估指标需要具备全面性，能够精准映射出所需达成的工作指标。各级评估指标旨在捕捉工作目标的不同维度，但它们并不等同于目标本身，而是目标的量化表达。通过各级指标的综合考量，我们能够确保工作目标的全面实现，通过各级指标在系统内部的有效协调和相互支持，实现协同作用，这种作用不仅促进了整体目标原则的落实，更确保了工作目标实现的稳定性和高效性。

因此，在建构高校网络心理健康教育的评估指标体系时，我们特别强调整体性策略的重要性。设计过程中，不能仅限于聚焦单一的关键指标或特定方面，而应该对整个评估指标体系进行深入且全面的研究，确保不出现只重视局部而忽略整体的问题。

3. 独立性原则

独立性原则强调评估体系中同一层级的指标应保持区分，避免相互重叠或包含。在确立评估指标体系完整性的同时，需确保各个指标之间具备独立性，以便对每一具体指标进行独立、细致的审查与评估，从而进行更为精准的评判。高校网络心理健康教育的各项工作是紧密联系的，这意味着评估指标在反映活动特性时可能会有部分相关联。然而，在实施评估时，应竭力减少这些关联性指标间的交叉和重叠，以确保评估的精确性和有效性。

4. 方向性原则

方向性原则在高校网络心理健康教育评估指标的确立过程中，发挥着不可忽视的作用。

在探讨高校网络心理健康教育评估指标时，必须遵循方向性原则，这一原则具体体现在两个核心维度上。首先，我们需坚定不移地坚守思想政治导向的正确性，确保教育的根本方向不偏移。其次，以高校网络心理健康教育的独特发展态势为导向，我们应力求实现网络心理健康教育与网络道德教育的协同发展。同时，还需注重线下与线上心理健康教育的巧妙整合，以及发展性整体心理健康教育和个性化心理辅导的协调推进，从而实现学生自我帮助、互助以及自助的和谐统一，确保心理健康教育的全面性和有效性。

5. 可行性原则

确立评估指标是为了确保其在实际操作中的有效性。要想让建立的评估指标体系在实际应用中发挥实效，就必须保证高校网络心理健康教育的评估指标具有高度可行性，即强调遵循可行性原则。评估指标的标准化程度决定了评估工作是否可被视为定期例行工作。

评估指标可行性原则是指评估指标需要具备易操作的特点，也就是指标体系设计具有简洁性与明晰性，避免烦琐冗杂的设计，以便于操作和实施；对末级指标进行可衡量性评估；确保评估对象具有可比性。

在实践工作中，基于高校网络心理健康教育的当前状态，我们应首先明确评估目标，遵循可行性原则，据此制订切实可行的评估计划，确保评估方法的科学性和适用性。在此过程中，务必坚持可行性原则。随后，构建与评估指标体系相匹配的评估对象的自身特点。在统计分析和应用评估数据结果时，应依据现实工作的需求，从操作性的角度出发，确保评估工作的顺利进行和实施。

（二）高校网络心理健康教育评估指标的构成要素

1. 组织管理工作的评估指标

高校网络心理健康教育组织管理工作的考察，可以从三个核心维度来深入剖析：整体运行状况、队伍状况及网站建设情况，以及体系构建程度。接下来，将逐一详细探讨这三个方面。

首先，考察高校网络心理健康教育整体运行状况。其涵盖了对网络心理健康教育工作的全局规划，考量其制度建设的进展与完善程度，同时关注资金注入和所需装备设施的配置状况。

其次，考察高校网络心理健康教育队伍状况及网站建设情况。专业且有实力的网络心理健康教育团队的建设情况，团队的业务范畴和组织架构是考察的关键，这涵盖了网络心理健康教育团队成员的培养与评价机制。此外，还需评估是否已经构建了高效的网络教育平台。

最后，考察高校网络心理健康教育体系构建程度，完善校、院（系）、学生班级层面的三级网络工作机制，各级机构应明确各自的职责范围，并构建起有效的协调机制以确保工作的顺畅进行。学校应专门设立负责网络心理健康教育和咨询的机构，并将这项工作纳入学校的思想政治教育体系之中，以实现全校范围内学生网络心理健康教育的有序开展。各院系亦应明确指派专兼职教师，肩负起推动网络心理健康教育工作的重任，确保心理健康教育工作在校园内得到全面、细致的落实。

2. 教育内容的评估指标

大学生在网络心理健康教育中扮演着双重角色，既是推动者，也是受益者。鉴于此，学生对于网络心理健康教育内容的需求，无疑成为我们评估高校相关工作的重要基准。我们应当着重关注高校是否敏锐捕捉并有效回应了这些教育期望，以及是否已经构建起一个健全、完善的课程体系和咨询服务网络体系，这些体系应涵盖正确的心理健康理念与自我援助能力，明确网络心理健康的指导原则、网络心理咨询的功能与多样化服务，同时还需关注与互联网相关的常见心理挑战与问题、网络自主学习能力的培养与心理素质的强化，以及网络心理问题和网络问题行为的识别与处理、网络学习心理调适、在线人际交往、消极情绪管理与挫折应对能力、网络心理危机的预防与干预等。

3. 教育平台的评估指标

信息资源的广泛性和完整性是心理健康教育网站获得大学生满意反馈的关键。在大学生网络心理健康教育的实施过程中，心理健康教育网站无疑占据了举足轻重的地位，成了一个至关重要的实施平台。因此，对高校网络心理健康教育平台进行评估是评估高校网络心理健康教育的重要组成部分。

教育平台的评估指标应综合考量多个维度，主要包括网站信息资源的构建质量、网络资源的有效利用程度以及配套制度的完善性。具体而言，评估指标可以细化为以下几个方面：网站信息内容的深度与广度、用户访问的活跃度（访问量）、资源下载率、内容的更新速度及频率，以及平台功能的用户评价等，这些指标共同构成了评估框架。还可以对心理健康教育网站的分类设置、页面布局、链接导航、用户互动、信息呈现方式、信息多样性以及实用价值、网站吸引力和用户满意度评价等具体指标予以深度的分析。

4. 教育途径的评估指标

本书选取当前学生广泛使用的在线交流方式用于建立高校网络心理健康教育途径评估的指标，并对其进行量化处理。在评估过程中，重点关注社交媒体平台、即时通信工具、电子邮件系统、在线论坛以及手机短信等的使用情况。

在评估网络心理健康教育途径时，需要特别关注评估网络心理咨询的效果。在对网络心理健康教育的途径进行评估时，应将焦点置于网络心理咨询服务的有效性及实用性上。心理咨询评估主要存在两种类型：过程评估和结果评估。在进行过程评估时，我们主要关注的是规划中所设定的服务和策略能否得到有效实施。这涵盖了几个关键维度：首先是服务覆盖的广泛度，即服务普及的总人数；其次是服务实施的时间效率，即服务提供所需的时间周期；再者是服务内容的丰富性，即可供选择的服务种类的多样性。与此同时，结果评估则侧重于衡量学校心理咨询规划中咨询员所提供的服务质量和效果。

5. 师资队伍的评估指标

为了激励教师更加积极工作，学校会定期对网络心理健康教育师资队伍进行考核、督导和激励，以确保他们保持良好的工作态度。在实践中，将网络心理健康教育师资的工作表现纳入学校教职工绩效考核体系，这不仅能提升其工作积极性，还能作为评选学校优秀教师的指标之一。

其评估可以从多角度整理考察，包括教学和向不同群体提供培训的任务量；进行网络心理测试、心理普查和心理排查所需的工作量；心理危机干预的实例数量和成效；统计接待学生来访咨询的数量及其心理咨询效果评估；详细阐述心理文化活动的策划、实施与成效；其发表的论文数量，以及所主导或参与的重要课题研究；此外，还应涵盖在行政管理中的参与度和影响力。

学校心理健康教育中心和院系可以通过评估朋辈心理互助员在推广和普及心理健康知识方面完善在校园、院系或班级中的工作实施情况，以促使他们更有效地开展工作，包括参与学校心理健康教育中心和学院组织的会议和培训活动；研究不同方式和策略，以提升学生的心理素质和创新能力；协助学院心理辅导老师开展学生心理健康状况的调查和筛查工作；教师自身的职业态度和道德标准遵守情况；等等。

三、高校网络心理健康教育评估的实施

（一）高校网络心理健康教育评估组织的实施办法

高校网络心理健康教育评估包括对教育者和受教育者进行评估，也包括对工作开展进行评估，需要全面、多角度地考察评估指标。在进行高校网络心理健康教育的评估工作时，需依据整体目标和既定标准，采取多样化的组织策略。这将会使评估过程的有效性与可信度得到显著提升。

其一，心理教育与科学评估有机融合。

在高校的网络心理健康教育评估过程中，大学生对心理健康教育领域的专业知识以及网络技术领域的专业知识具有一定的了解是必需的。因此，建议成立一个由心理健康教育专家和网络技术专家等跨学科成员组成的网络心理健康教育评估团队。团队中的心理健康教育专家将承担起对教育内容的评估任务，专注于评估网络心理健康教育平台的内容质量，确保其科学性和教育性；网络技术专家将专注于技术层面的评估，确保平台的功能性和安全性。

其二，专家评估和自我评估有机融合。

教育主管部门派遣的跨学科专家团队，涵盖了心理健康教育和网络技术两个重要领域，他们在执行评估任务时展现了显著的优势。这些专家能够敏锐地识别

问题所在,并据此提供优化策略,这对于提升高校网络心理健康教育工作的整体质量起到了关键性的推动作用。然而,鉴于专家评估的频次有限,高校应增强自主评估的意识和能力。高度的灵活性和时效性能够实时跟踪网络心理健康教育工作的动态变化,进而及时调整教学内容、方法和手段,确保教育活动的持续优化与改进。

其三,评估与指导有机融合。

高校网络心理健康教育评估过程的目的并非仅仅在于完成形式化的评估任务,而是更深层次地推动心理健康教育工作的持续改进与发展。高校需要将评估活动与实际工作指导有机融合,在全面审视高校心理健康教育工作及其教育者的实践基础上,精准识别并剖析潜在问题,从而为高校网络心理健康教育实践提供及时、有效的反馈与策略性建议。

其四,网上评估和网下评估有机融合。

鉴于网络心理健康教育是利用网络平台进行的心理健康教育,因而在评估高校网络心理健康教育时需要重视在线评估,充分利用网络这一平台,设立网络评估机制,直接在网上进行一定的评估活动。此外,由于网络环境的局限性,对于某些问题的评估,如学生心理状况,我们不仅需要依赖于互联网资源,更需要将视野拓宽至线下实际环境,将线上与线下的情况相结合,方能获取更加系统、全面的信息内容。

其五,整体发展与系统测评有机融合。

以系统论的观点对大学生网络心理健康教育进行评估的原因在于,高校的心理健康教育目标是综合考虑知识、情感、态度和行为等心理因素后制订的。一方面,需要建立起学生综合发展的理念,对各种现象和问题进行评估,揭示学生心理品质的整体和深层发展状况,探究学生心理特质的全面和深层次发展情况;另一方面,也需关注教育过程中展现的个体心理活动,需要考虑其在整体背景下的联系及影响,应该把重点放在学生心理的长远发展上,而不是将特定时期学生的心理问题视为永久存在的固化状况。

(二)高校网络心理健康教育评估的具体实施步骤

其一,确立评估的步骤、明确评估对象以及遵循评估原则是高校网络心理健康教育评估的基础。在此基础上,评估过程应涵盖以下几个实施步骤:

(1)确立明确的评估导向。评估目标的明确性为指标设计提供了明确的指引和范围界定。

(2)细化评估目标。根据评估指标的特性和具体设计要求,将评估目标分解为具有层次性和递进性的一系列指标。

(3)建立体系框架。明确审查的各项标准和内容以及这些标准在整个体系中所处的层级。

(4)选择权重确定方法。综合采用特尔斐法、层次分析法及专家经验法等多种方法,灵活调整权重分配,确保评估策略的合理性。

(5)挑选合适的评估方法。基于评估主体和评估对象的特性,选择适宜的评估方法,确保评估的针对性和有效性。

(6)优化评估标准。通过不断补充和调整评估框架,完善评估指标体系,以提高其清晰度和全面性,使其更好地服务于高校网络心理健康教育。

(7)实施评估并得出结论。开展全面、深入的评估工作,根据评估结果得出科学、客观的结论。

(8)反馈评估结果。通过向各高校反馈评估结果,帮助它们深入了解自身的优势和需要改进的地方。

其二,对高校网络心理健康教育评估结果进行相应的统计。

鉴于网络环境的独特性,在进行高校网络心理健康教育评估时,应借助网络搜索工具来搜集网络内容和相关统计数据。在处理和分析传统调查问卷数据时,我们经常运用多种软件工具,如 SPSS 和 Excel 等,来辅助分析。评估过程中构建一个多维度的指标体系,若将整体指标体系标记为 M,那么其下的具体末级指标可以依次表示为 M_1、M_2 直至 M_i。在评估流程中,各项指标的权重扮演着重要角色,其中,整体指标体系的权重用 N 表示,而各个末级指标的权重则分别对应为 N_1、N_2 至 N_i,确保评估的全面性和准确性。值得注意的是,权重的分配应依据不同的评估体系进行适当的调整。

综上所述,为了更好地促进高校网络心理健康教育的持续提升,需要建立高校网络心理健康教育评估体系并促使其顺利推进。在具体的实践工作中,要识别和解决在实施教育工作中遇到的问题。由于多种原因,在本书中,选用的用于衡量高校网络心理健康教育的评估指标并不足以全面反映其内在特性与成效。因此,有必要进行更深层次的探索和优化。同时，高校必须给予网络心理健康教育评估足够的重视，既要全面考量其多维性，又需制订长远的规划策略，确保评估工作的持续性和有效性，进而让通过评估促进建设、评估与建设有机结合的目标得以真正实现。

第四章 新媒体视域下大学生心理健康教育理论与措施

本章介绍了新媒体视域下大学生心理健康教育理论与措施，包括新媒体视域下大学生心理健康教育理论基础、新媒体视域下大学生心理健康教育模式构建、新媒体视域下大学生心理健康教育存在的问题与原因、新媒体视域下大学生心理健康教育的措施。

第一节 新媒体视域下大学生心理健康教育理论基础

一、心理学的相关理论

理论上的心理健康教育属于心理学类别，也是心理学发展到一定阶段，适应社会需要产生的新兴学科。心理健康教育的理论支撑和实践指导来自普通（基础）心理学、社会心理学、发展心理学、教育心理学、咨询心理学、个性心理学、心理卫生学、健康心理学、变态心理学、心理测量学等。从业务条件上说，一个合格的心理健康教育工作者，必须具备和掌握上述心理学科群的知识结构，并善于灵活运用。本章考量和解读心理健康教育只是围绕一般的或传统的心理学和积极心理学的框架开展的。

（一）"知情意行"相联系的理论

心理学研究的基本内容是揭示人类心理活动的形成、发展和运行规律。心理学研究的基本对象是通过联系思想、情感和行为的理论来确定的，即在心理学研究中考虑了人类心理过程的各个组成要素。根据人们心理活动的特点和作用，心理学深入探讨了三个核心过程：认知、意志与情绪的形成过程。它不仅仅局限于分析这些过程的构成元素、特性、功能及其运作机理，还着重分析了这些过程之间所存在的复杂内在联系,旨在揭示心理活动的全貌,理解它们是如何相互作用并共同影响个体行为的。

全面发展"知情意行"理论,要以辩证唯物主义为指导,有针对性、有侧重点地进行。高校学生网络心理健康教育与咨询应该按照对象的现实状况有针对性地开展,注重心理要素的全面性,从心理要素的不同端口切入,制订不同教育目标、内容,重视其侧重性、针对性。

大学生网络心理健康教育要全面运用"知情意行"理论。第一,重视创新"知"的心理健康内容。在当前社会背景下,教育应以社会主义核心价值观为引领,同时注重大学生专业知识与思想品德、智力因素和非智力因素、身心素质的和谐统一,正确培养大学生的人生观、世界观、价值观。第二,要重视"情"的独特作用。在心理学与生理学的研究过程中重视情绪、情感,是因其在心理素质与个体道德形成过程中日益彰显出来的独特性,情绪与情感不仅仅是认知活动的心理过程和伴随状态的副现象。情感的动力功能、选择性功能和移情功能,是个体行为的心理基础。而想要形成一个健全的人格,首先需要培养情感,养成一种积极、健康的心态。第三,要提升"意"的自律性。事实上,意志在塑造个人道德观念和行为选择方面扮演着至关重要的角色。坚韧的品质需要经过持久不懈的奋斗来磨砺。不仅如此,进行合理的挫折教育对于学生的健康成长和科学发展而言也是必不可少的。第四,要增强"行"的实践性。要逐渐将心理健康知识和心理调适方法融入日常生活,通过实际行动来贯彻,而不是仅仅停留在口头上。通过行为培养与训练,更好地培养健康习惯以及纠正不良行为。

在进行大学生网络心理健康教育时,应当灵活运用不同的途径和策略,以具体的教育目标和内容需求为依据,运用"知情意行"理论,采用多种方法和工具,满足不同的受众需求,促进大学生心理素质的提升,有效解决大学生心理困扰。一方面,我们需要熟悉教育对象的基本情况,了解他们的个性特点,准确辨识出他们可能存在的心理问题。另一方面,需要熟练掌握各种心理治疗方法和技巧,以及心理学理论和心理咨询的优缺点。在实际操作中,根据不同的教育目标和内容要求,选择正确的角度,并根据大学生的实际情况,采用恰当的教育、咨询、调适方法,并根据效果予以相应的调整,旨在促进大学生网络心理健康教育的顺利推进。

（二）人本主义心理学理论

1.人本主义心理学理论的主要内容

（1）马斯洛的自我实现论。

在马斯洛的理论框架中，人类的价值体系被划分为两大类需求：基础需求和高级需求。基础需求是那些源于生物进化且逐渐弱化的基本需求，我们称之为生理需求或本能冲动。与此相对，高级需求则是在进化过程中逐渐显现的内在潜能。马斯洛的需求层次理论阐述了人类需求的多样性，详细地将人的需求划分为多个层次，包括安全需求、对尊重的渴望、自我实现的追求、生理基础的需求、爱与归属感的建立、对认知与理解的探求，以及对审美的追求。这些需求层次相互关联，构成了一个复杂的心理需求网络，指导着个体的行为和发展。只有先满足基本需求，才能够着手满足更高级的需求。当一个人达到自我实现的境界时，需要先满足最高层次的需求，这时候他的潜力才能够完全释放。

与此同时，马斯洛指出，自我实现者的主要特点是他们能够接受自己和他人；具备独立思考和创新能力；具备远离外界干扰的特质以及对孤独和疏远的渴望；在高峰时段，体验的强度和频率都非常高。根据马斯洛的理论，高峰体验是实现自我潜能的重要途径之一，也是展现自我实现者特质的关键方面。马斯洛认为让个体意识到自身内在潜力和价值是问题的核心之处，这可以使个体的自我意识得到增强。

（2）罗杰斯的主要观点。

其一，人性发展中的建设性方向理论。

罗杰斯认为，生命是一个主动的过程，不论是内部还是外部的刺激，以及有利或不利的环境条件，生物会努力向着繁衍自身、维持或拓展的方向发展。这是生命过程的本性，是所有时刻都能够发挥作用的倾向。在他看来，建设性是人类发展的基本倾向，他将其称为"造型倾向"。生物通过这种天性来实现自我发展，除非生物体被摧毁，否则它不会灭亡，只会遭遇阻碍和扭曲。

其二，良好人际关系的原理。

罗杰斯指出，当前的社会环境导致一些人的思维和行为出现异常。各种不同类型的心理疾病同时出现，导致人们在一定程度上朝着歪曲的方向发展。而人际关系是在这些不太理想的环境条件下最为关键的因素。因此，为病人建立良好的人际关系是影响治疗效果的决定因素。因此,罗杰斯强调了倾听、真诚、给予爱和接受爱这三项原理对建立良好人际关系的重要性。

其三,追求美好生活是人的本性。

在罗杰斯看来,疾病和健康之间不存在割裂的沟壑。患者仍然渴望过上美好的生活,只是在心理层面存在一些阻碍。罗杰斯在心理咨询和治疗中对人性的认识有一种深刻的洞察。通过深入理解人类的本质,他在病态和健康之间建立起一条具有联结作用的纽带。罗杰斯所描绘的幸福生活包括以下特点:首先是积极接纳不断增长的经验,其次是更加珍视现实生活,最后就是增加对自己的信任。

其四,人格发展的自我理论以及"以人为本"的治疗方法。

"自我"概念在心理学家罗杰斯理论中同"自我"在精神分析中的内涵有所差异。罗杰斯认为,"自我"并不代表一种心理发展的内动力,而是个体的一种心理现象,这种心理现象包括个体的评价、理解和感知。然而,个体对自我的认识与看法同其自身的现实状况并非具有一致性,可能会存在过分低估自己,从而导致个体产生自卑感的情况;过高地估计自己,极易使个体产生骄傲感。

罗杰斯引入了"理想自我"的理念,这一概念描述了个体内心所追求的完美自我形象,它在个人认知中占据着举足轻重的地位。个体的现实自我与理想自我之间的差距,是衡量个体心理健康状态的一个重要指标。若真实的自我与理想的自我具有很大的差距,个体就会产生不安和焦虑的情绪;若真实的自我与理想的自我的差距很小,那么个体会感受到愉悦和幸福。心理治疗的最终目标是把不具协调性的个体转化为一个具有协调性的自我。在实现目标的过程中,罗杰斯强调,营造一个适宜的治疗环境是至关重要的,在对病人进行心理治疗的过程中需要做好下述三方面:第一,对待病人要真诚;第二,给予病人无条件的关怀与关心;第三,了解病人。

人本主义心理学派持批判态度,反对那些仅聚焦于异常心理状态,如神经症和精神病患者,而忽视对健康个体积极心理特征进行研究的学术倾向。此外,他们同样也对行为主义心理学将人类简单类比为"实验动物或复杂机器"的机械主义的观点提出质疑。人本主义治疗也被称为"以人类为焦点的治疗",其理念是以人类为中心探索心理学并实施心理治疗。人本主义治疗侧重于加强医患沟通,尊重患者权益,并充分肯定个体的潜能和自主性。然而,其也存在相应的局限,例如，忽视了人的社会属性，过度强调了主观能动性，试图从自然人、抽象人中对普通百姓进行探讨，无法摆脱"乌托邦"的桎梏。

2.人本主义心理学理论对大学生心理健康教育的启示

在新兴的数字媒体时代，大学生的心理健康教育不应局限于确保学生不出现心理问题，而应该立足于提升大学生的心理素质和挖掘内在潜力，借助网络工具进行心理健康教育，促进大学生自我教育和潜力发展，以便不断提高他们的心理素质和心理健康水平。因此，应更有效地利用网络资源开展心理健康教育，使大学生的心理健康水平得到切实提高。

从人本主义心理学理论视角出发，在实践过程中，应该重视学生的主体性，强调以学生为中心。在开展新媒体心理健康教育时，应当给予学生全方位的关怀，利用网络平台，可以策划和实施多种形式的针对性强的心理活动，以实现大学生心理危机应对能力与自我管理能力的多元化提高。

二、网络心理学理论

（一）网络心理学的概念

网络心理学的概念还没有得到普遍的认同。有学者认为，网络心理学分为广义和狭义两个方面。从广义上来说，网络心理学是指借助网络的心理学研究。从狭义上来说，网络心理学是指以网络为代表的自组织性、非线性的观点对于心理学的深刻影响。还有学者认为，网络心理学的范围很广泛，它实现了心理学的研究与现代互联网技术的融合，充分利用互联网科技与心理学知识相关资源，研究人类在现实与虚拟世界中的心理学规律。

（二）网络心理学的内容

当今已是互联网普遍应用的时代。互联网对心理学的影响覆盖各个领域，冲击着心理学文化。到目前为止，网络心理学的发展还不成熟。从整体来说，全世界与网络相关的心理学研究成果大致可概括为三个方面的内容。一是网络对人类心理影响的研究，主要是从人类个体和人类群体两个方面展开的。人类个体心理主要是研究网络的使用对人类个体的影响，网络群体的研究则主要是研究网络的使用对人类群体的影响。二是网民的心理研究。不同的群体的社会活动具有不同的需求与动机。网络心理研究的主要对象是在校大学生,也有人专门针对黑客心理进行了研究,不过只是简单地分析。三是网络对传统心理学影响的研究。网络正在潜移默化地影响着心理学,它对心理学的影响从理论到实践都是全方位的,如自我行为等。但是网络心理学还需要进一步的探索,如网络环境下的心理认知、情绪、人格、个体与群体等方面的规律。

(三)网络心理学对网络心理健康教育的借鉴作用

从现阶段来看,网络心理学的研究尚未完全成熟,其研究内容主要涵盖以下几部分。

负面网络信息所带来的影响,网络对青少年的成长所产生的影响,网络在个体的人格塑造方面所产生的影响,网络在个体心理层面所产生的影响,网络使用者的线上线下双重人格的影响,网络成瘾所带来的影响,对网络成瘾的干预、治疗以及康复后重新融入社会所面临的挑战,等等。

当下,网络成瘾是备受社会关注的一个重要议题。网络成瘾的诱因及其戒除策略对个人人格的塑造与发展具有深远的影响。例如,它们可能引发个体在网络与现实世界之间形成对比鲜明的双重人格现象。网络心理学与心理健康教育在研究范畴上存在交集,两者在探讨网络行为对个体心理影响方面有着共通的研究点。所以,在教育过程中应该注重二者之间的相互借鉴和有机融合。

此外,网络哲学和网络文化学等相关理论也对网络心理健康教育有很大帮助。

第二节 新媒体视域下大学生心理健康教育模式构建

一、新媒体视域下大学生心理健康教育网络模式的设计

(一)新媒体视域下大学生心理健康教育网络模式构建的目标

在新媒体环境中,应该以学生为中心,用为学生服务的理念来构建大学生心理健康网络教育模式,充分利用网络教学资源的优势,设计多样化的网络教学方式,致力于推动大学生心理健康教育的顺利进行,以及有效促进学生创新能力的

培养。为了确保心理健康网络教学活动能够顺利实施，在对心理健康教育网站进行建设的过程中，必须明确目标——将网络视为传播信息的工具，通过大学生喜欢并接受的网络方式，在网络上传达有益于大学生心理健康发展的信息，以消除消极心理对大学生的不利影响，引导他们形成积极心态，正确处理个人问题，并使自身的心理素质得到切实提升。

（二）新媒体视域下大学生心理健康教育网络模式构建的原则

1. 实效性原则

其一，从大学生的发展特点出发。

从大学生自身的发展特点来看，其已然具备较高水准的自我意识和自我认知，表现为思维活跃、对新事物充满好奇、评价社会事物时更加追求个性和创新等。而网络教育作为一个开放性的平台，在面对具有不同认知水平、精神意志和道德情操的大学生群体时，如果盲目地采用"一刀切"的教育方式，则很难取得理想的教学效果。因此，在教学实践中，需要提供多样化的教学材料，以满足大学生的实际需求。同时，重视拓展心理健康教育的方式方法，从而让大学生在网络教育环境中能够表达自己的真实想法，并积极主动地关注和参与心理健康教育。

其二，重视发挥网络教育的优势。

就现实角度而言，网络教育具有很多优点，例如，大学生在学习方式上更加灵活、自主，学习资料更加丰富多样，学习内容包罗万象，等等。然而，与此同时，其也存在一些缺点，例如，学习效率有待提升、管理有待加强等。在具体的学习过程中，大学生在网上花费的时间通常是由他们自己掌控的，这就导致相当一部分大学生出现上网时间用于娱乐的占比相对较大，而用于学习的时间则相对较少的情况。因此，如果在网页设计中心理健康教育能够更多地采用实践性较强的形式，则可以更好地吸引大学生的注意，有效提升学习效果；另一方面，网络教育缺乏情感交流，由于心理健康教育属于心灵层面的教学内容，因此精神层面的互动至关重要。

当前的网络教育在心理健康领域主要聚焦于心理学理论知识的灌输，却往往忽视了交流互动的重要性。这种单向的教学方式限制了教师深入理解学生内心真实想法的机会，进而影响了心理健康教育的实施效果。因此，构建网络心理健康教育体系，高度重视沟通机制的建立，不仅要加强师生间的互动，还要鼓励学生之间进行深入的交流，以促进教育效果的提升。

因此，在建立大学生心理健康网络教育模式时，应当注意将教学内容通过生动形象的影像和声音表达出来，而不仅限于使用图表和枯燥的文字，以充分利用网络教育的各种优点；致力于为学生创造一个能够互相交流的机会，让他们在学习心理健康知识的过程中能够参与讨论，而不仅仅是被动地观看或接收信息。这样一来，不仅有助于提升学生的学习积极性，同时也为教师提供了反馈意见，方便他们为学生提供指导和帮助。

2. 发展性原则

人的成长是一个不断追求生活意义的实践过程，是一个全面的、综合发展的过程，而心理健康教育的目标是促进个体生活的全面发展。这里所说的全面发展是指，根据个体所具备的内在潜力，并按照自身发展特点进行个性化的发展，包括身心各个方面的成长提升。这样的发展代表着生命的意义和价值，需要明确的指引和动力，这种个性发展的优势在于能够展现个体独立自主的品质。需要注意的是，这样的发展并非受外部的强迫和压制，而是源自个体的内在需求。

因此，心理健康教育网络模式应该帮助大学生学会必要的生存技能，提高他们的认知水平和领悟能力，在培养自信心的同时，懂得尊重、欣赏和关心他人，旨在实现健康、自由的成长。

与此同时，为了推动大学生的全面成长与发展，心理健康教育网络模式应充分利用先进的网络技术，实施更具前瞻性和针对性的预防性与干预性教育策略。其中，适当并有效的干预机制是关键，能够更进一步地促进大学生的心理健康发展。

3. 主体性原则

在打造创新型学习环境、提供创造性学习条件这一层面，新媒体环境下的网络教育模式由于能够利用高级信息存储和传递平台——网络，因而具有得天独厚的优势。在实践过程中，应当充分发挥网络的积极作用，使大学生能够在老师的引导和支持下，积极学习心理健康知识，从而提高他们的协作能力、探索能力以及创造能力，更好地促进个性发展。与此同时，还需要充分考虑到大学生的个人意愿以及心理特点，设计系列互动性强、内容丰富的项目。举办知识竞赛，以此激发学生的求知欲；同时，开展网络辩论活动，为他们提供一个探讨、分享思想的平台。这些项目的设置，旨在满足大学生对新颖事物和独特体验的追求，促进他们更积极地参与心理健康教育。不仅如此，也应重视大学生心理健康教育网络平台的丰富化，可以通过设置师生个人主页、博客、BBS、电子邮件、QQ群等多种途径，与学生互动，了解他们真实的想法，从而对所发现的问题进行及时的处理，准确引导学生的思想倾向。针对个别学生所面临的特定问题，提供定制化的指导和支持，从而实施精准有效的心理健康教育策略。

（三）新媒体视域下大学生心理健康教育网络模式的构成要素

1. 接受主体

接受主体虽为人类，但其内涵远超此范畴。在特定社会关系中，通过主动的参与和行动，确立对客体的主导地位和控制力的人，才能被视为该关系中的主体，才能发挥积极的作用。在心理健康教育活动中，被教授心理健康知识和技巧的大学生及其群体被称为接受主体，也就是接受者。在实际应用中，个体之所以能够转变为主体，根源在于他们积极投身于实践活动之中。这种转变本质上体现了主体与客体之间的动态互动关系。

在新媒体时代背景下，大学生及其群体在心理健康网络教育活动中展现出鲜明、生动与多样化的特性，反映出他们在接受心理教育时所具有的独特心理倾向。

在接受过程中，接受主体会经历从复杂到有序的六个环节，即信息的察觉与关注、信息的维持与记忆、信息的摄取与理解、信息内化为心理认知、认知结构的调整与更新、改变主体的行为模式。接受信息的过程会通过视觉和听觉等感官途径对信息进行感知和反应，并在大脑中长时间保留这些反应，进而选择性地吸收外界信息。在接受信息后，将其内化并逐步整合到自己原有的思想体系中，形成一个持久而适合的新理念。在个体吸纳并深化新的思想体系后，其态度也随之发生转变，从而引导行为模式的调整。六个环节紧密相连、相互协作，共同构建起了接受主体在心理层面上的完整接受过程。

2. 接受客体

在新媒体时代背景下的大学生心理健康教育活动中，接受者根据自身独特的接受方式和能力，进行有目的的选择，仅将符合其标准的外部信息纳入考量范围，其余则不视为有效活动客体。这些被选中的接收对象，作为外部世界的客观实体，它们与接受主体相互作用，并被纳入心理健康教育的网络模式中，共同构成与接收主体产生交互作用的心理健康教育信息体系。

接受客体的系统呈现出高度的复杂性。不同的接受主体因其独特的接受方式和能力而表现出多样化的接受特点，面对同一客体时，会基于各自的视角和层次进行有意识的选择。此外，接受客体本身包含着众多复杂的构成因素和属性，这些要素均受到严格的规范与界定。因此，从客观角度来看，客体对不同接受主体所具有的意义也不尽相同，接受客体在一定程度上对教育的内容——心理健康教育的内容，起着决定性作用，内容主要涵盖自我意识教育、学习心理教育、个性心理教育、人际交往心理教育、恋爱心理教育、择业心理教育这六个方面。

3. 接受中介

在新媒体背景下的大学生心理健康教育的网络模式中，需要特别关注两个核心参与者：一个是教育信息的接受主体，即学生；另一个则是教育信息的接受客体。两者之间，存在一个关键的中介系统，我们称之为接受中介，它在促进双方的相互影响和互动中起着至关重要的作用。在校园网络生态中，接受中介的构建涉及多个关键要素，其中教育者占据着主导地位。具体而言，这一中介的形态多样，这些形态包括精心设计的心理健康网络课程、实时互动的在线心理咨询、精确可靠的网络心理评估工具、充满活力的网络讨论论坛以及富有成效的在线心理互助平台等。这些元素彼此交织、相辅相成，共同构建了一个丰富而全面的心理健康教育网络生态。

二、新媒体视域下大学生心理健康教育网络模式的运行

在新媒体的宏观视角下，构建大学生心理健康教育的网络模式，三个关键要素发挥着基础性作用：教育的接受主体、传递信息的媒介以及教育的接受客体。这三者之间的紧密合作和有效互动，对于实现网络教育模式的高效运作至关重要。接下来将会对整个模式的运行做详细介绍。

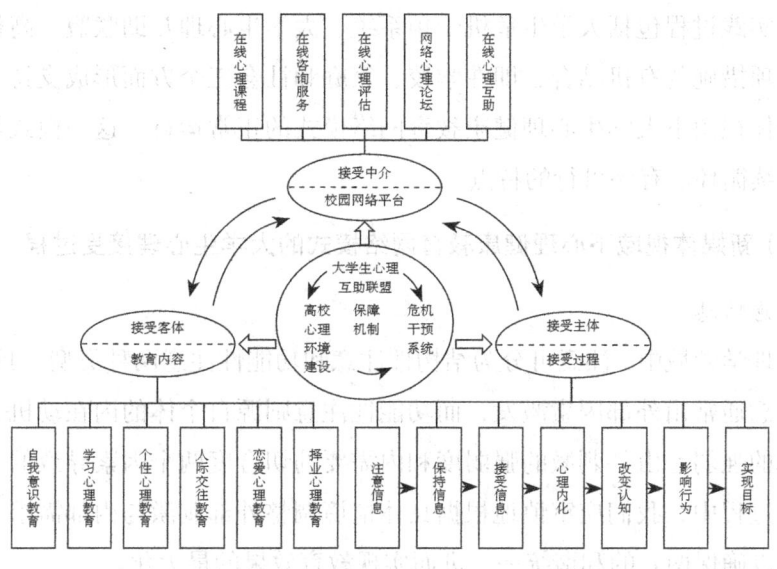

大学生心理健康教育网络模式运行图

（一）新媒体视域下大学生心理健康教育网络模式的运行分析

在新兴的数字媒体环境中，我们开发并管理一种系统化的心理健康教育网络模式。这个模式涵盖了三个主要部分：大学生作为接受主体，校园网络平台作为接受中介，心理健康教育内容作为接受客体。建立信息反馈机制，收集并分析大学生的反馈结果，以便对此模式进行针对性的优化和调整，确保整个过程形成一个闭环且高效运作的循环体系，从而更好地实现教育从物质层面向心理层面的转变。

在这个过程中，接受主体会通过注意信息、保持信息、接受信息，以及心理内化、改变认知，最终影响行为，从而使教育目标更好地实现。这种运作流程不仅体现在外显行为的形成上，更推动了一个持续优化的反馈式循环，进而达成心理健康教育的既定目标。作为接受客体，心理健康教育内容通过校园网络平台提供的多种渠道，包括在线心理课程、在线咨询服务、在线心理评估、网络心理论坛和在线心理互助等教授给大学生。在这一过程中，接受主体所接收到的全部信息将通过这些渠道进行反馈。鉴于教育者在中介环节中发挥着关键的引导作用，他们会仔细评估并处理这些反馈信息，随后对教学方案进行必要的调整，以确保知识能够更为高效、精准地传递给学习者，从而实现教育效果的最大化。

这一实践过程包括大学生危机干预系统、大学生心理互助联盟、高校心理环境建设三项措施的有机结合，即在学校、家庭和社会三个方面形成支持系统，以保持新媒体视角下大学生心理健康教育网络模式的正常运行。这一模式具有层次清晰、持续循环、有序可行的特点。

（二）新媒体视域下心理健康教育网络模式的大学生心理接受过程

1. 注意信息

在心理学领域中，注意可分为结构性注意和功能性注意两种类型。具体而言，结构性注意通常由外部因素激发，而功能性注意则源自个体的内在动机。另一方面，反应的强弱是由外刺激的强弱度和内需要的切合度两个因素导致的。在实施网络教育过程中，我们应审慎地根据具体情境调整外部刺激与内部需求之间的平衡关系，以确保两者的和谐统一，进而实现教育效果的最大化。

2. 保持信息

一般情况下，人们会在自己感兴趣的信息上花费更多的时间，投入更多关注，而对于普遍信息的注意力则通常会相对较短。从这个角度来看，在信息保持的过程中，除了个人兴趣对接受者的影响之外，外部刺激的持续强化和长期作用亦扮演着举足轻重的角色。因此，在新媒体时代中，大学生心理健康网络教育需要通过多种网络渠道和方式不断加强教育内容，确保受教育者能长时间集中注意力，为日后的学习感知和不断深化奠定坚实的基础。

3. 接受信息

教育内容的接受仅是起点，个体需通过持续的努力，方能将这些知识真正融入自身的价值观体系中，形成独特的价值取向。因此，信息接收的过程是实现教育目标的关键步骤，其中包括理解信息、筛选信息和整合信息。

其一，信息的解读。信息的解读涉及对思想信息传输者意图的理解以及思想信息与个人之间的联系理解。在教学过程中，需要让学生了解心理健康教育的目的，并认识到心理健康教育对他们成长发展的重要意义。

其二，信息的筛选。由于每个受教育者都拥有自己独特的思维方式和筛选机制，所以在进行心理健康教育时，应当理解不同学生的不同接受方式，因此需要根据个体情况进行个性化教学，而非采用"一刀切"的方式。

其三，信息的整合。教育工作者顺应技术发展的潮流并结合个人发展需求，积极对信息资源进行合理规划与共享，以提升信息资源的配置效率，拓宽信息的应用范围，并充分发挥信息资源的价值。

4. 心理内化

从现代认知心理学的视角出发，可以推断出，在人类的认知过程中，对信息的获取并非直接而简单的，个体必须通过心理层面的多维转换来处理和吸收外界输入的信息。实际上，心理内化不仅是将外界教育理论内化为个人价值观的必经之路，也是个体学习并吸收外部理论，进而建立与社会发展及个人成长相适应的理论的重要途径。如学习者会根据信息的特性与内在关联，在认知层面采用多步骤的处理法，将新知识整合进现有的知识体系，构建新的认知结构。由此可见，心理内化对于教育成效具有决定性的影响。

5. 改变认知

在接受教育后，个体会逐渐调整自己的认知框架，从而更好地理解和处理周围环境中的主体和客体。在实践的推动下，一旦大学生形成了坚定的价值观，其必然会在行为上展现出与以往截然不同的价值取向，这种转变将深刻影响他们的决策和行为模式。

6. 影响行为

一旦大学生将心理健康教育的知识融入他们自己的思维模式中，他们的行为就会产生相应的改变，他们会以更客观和理性的方式来处理周围的人、事、物。例如，能够在重要事务和问题上做出更加明智的决策，在面对困难和失败时表现出更大的坚韧和勇气，等等。

（三）新媒体视域下大学生心理健康教育网络模式运行的保障系统

1. 危机干预系统

从发展的角度来看，建立大学生心理危机干预系统，整合家庭、学校以及社会层面的多样化资源，对于明确心理危机的预警指标至关重要。确立这些标准能够使我们对潜在的心理危机进行及时的识别和评估，进而采取有效措施，降低危机事件的突发性和不可预测性。建立心理危机预警机制可以帮助当代大学生更好地认识心理危机，以更加理性的态度来面对和解决问题，对时机进行准确把控，从而更好地促进其全面发展和健康成长。

以下进行具体论述：

其一，建立大学生心理档案。具体包括以下几点内容：

（1）大学生的相关情况信息。主要是学生的基本情况，教师了解这些情况能够更加深入地研究大学生的心理状态，从而更好地探寻心理问题的根源。

（2）学业水平和教育建议。主要涉及大学生的智商水平和个人智力特征，以及如何有效进行个性化的智力培训，学生在语言和数学方面的智力水平如何，对技能倾向和创造力情况所进行的相应评估，等等。

（3）学习心理分析及教育对策。主要关注他们的学习态度、内在的学习动机以及面对考试时的心理状态，由此对他们的学习成绩进行相应的诊断和原因分析。

（4）大学生的心理健康评估及制订针对性的辅导措施。这涉及对学生心理状态的全面评估，识别可能存在的心理障碍或问题，并据此制订和实施有效的教育及干预计划。

（5）人格特质的研究与培养策略。核心在于深入分析大学生的独特性格特征、气质类型、个性心理特质、人际关系和品行特质等，以及如何进行培养与指导。

（6）职业能力倾向类型分析及相关建议。主要涉及对大学生的职业兴趣、潜能及技能进行全面诊断，精准地识别他们最适宜从事的工作领域，为大学生提供个性化的职业生涯规划与就业指导，以助力他们实现职业目标。

其二，明确预警指标。

通常来说，预警指标系统包含了对关键目标的监测、指标体系的构建、信息的评估以及对危机的应对机制。能够准确捕捉预警信号，进而对当前形势进行全面评估，精准判断危机的严重程度，决策者可以决定是否需要启动紧急警报，并采取相应的预警措施。

其三，完善监控系统。

大学生心理危机的网络监控体系涵盖组织架构和团队建设两大方面。首先，心理危机干预的实施依赖于校内各相关部门的通力合作，构建一个多层次、跨部门的学生心理危机干预系统。该系统涵盖学校层面、行政部门层面、学院（系部）层面、学生管理部门层面、班级层面、寝室层面等各个机构，该系统旨在形成快速响应机制，对危机的早期预警、迅速识别、精准诊断与有效应对进行预警。这些措施的实施需要一个由专业和辅助人员组成的危机干预团队来完成，团队核心由高校心理健康教育咨询中心的专职人员构成，他们拥有专业的心理健康知识和技能。除此之外，团队还应包括来自各学院学生事务、教务管理部门、安全部门、校医院等的工作人员，以及学校心理协会的成员、学院和班级的学生领导，以及外部精神健康和医疗机构的专家，他们为团队提供宝贵的支持和协助，极大地提升学校心理危机干预的专业性和有效性。

2. 大学生心理互助联盟

创立一个大学生心理互助联盟，以学生为主体，改变原有的管理方式，更加关注学生的实际需求，为新媒体时代的大学生心理健康网络教育提供学生参与的支持体系；建立大学生心理支持组织，该组织承担着心理互助在线平台、心理支持热线、短信服务、微信群交流、QQ群交流、电子邮件沟通以及邮件往来服务等的管理和维护工作。此外，为了丰富学生的心理体验，我们积极组织多样化的课外活动，旨在通过这些活动深化学生间的心理交流，促进彼此间的理解与支持，构建一个综合性的大学生心理互助系统，激发大学生自主学习和互相帮助的积极性，为该机制的运行提供更加稳固的基础，以便能够更好地保障新媒体环境下大学生心理健康网络教育模式的有效实施。

3. 高校心理环境建设

教育过程中最为微妙的实践之一，便是通过对环境的合理运用来开展教育。营造一个和谐、融洽的高校心理环境，有助于为大学生网络心理健康教育模式的实施打下坚实的心理根基。事实上，精心规划和打造宜人的校园氛围不仅可以潜移默化地影响学生的心灵世界，同时也是培养全面和谐发展个体的基础。

无论是在何种教育环境中，个体所接受的教育影响都需要通过相应的内化，促使其思维和心理状态得到深化和提升。而一旦受教育者形成了新的思维层次和认知水平，就会激发出一种新的内在动力，并会对外部世界产生相应的影响，从而促使外部环境发生一定程度的改变。心理环境的关键是促进内部和外部因素之间的互动，从而建立起高校心理环境的良性循环系统。

大学生作为我国人才队伍的主力军，是国家未来发展的核心力量，深化与强化大学生心理健康教育对于我国经济的稳健发展、社会的全面繁荣以及政治的长期稳固具有至关重要的战略价值。在以后的研究实践中，作者将从我国高校心理环境的实际情况出发，尽最大努力利用所学知识和工作实践，运用有利因素和教育资源，营造一个兼具时尚感与高雅格调的校园心理健康教育网络文化环境，致力于让学生在潜意识中接收心理健康知识，增强心理素养。鉴于现实中挑战的不可避免性，我们应保持乐观态度，以人为核心，积极汇集一切可利用资源，持续改进和推动新媒体视野下的大学生心理健康网络教育工作，探索大学生心理健康教育的新方向。

三、新媒体视域下大学生心理健康教育网络模式的实施路径

（一）网上建立大学生心理健康教育知识系统

利用网络媒体优势，创建一个系统化的大学生心理健康教育平台，包括心理学课程、心理健康知识推广以及在线心理健康专题讲座等网络活动，以满足大学生在身心发育方面的需求。运用多种形式的媒体，如文字、图像、声音、动画和视频等，来向大学生传授心理健康知识，教授情绪调节技巧，提升他们对心理健康的认知，帮助他们深入了解自我、探索内在心理机制，从而发现并采纳适合自己的心理调适策略，以维持和促进心理健康。

（二）网上开展心理咨询活动

在高校网络环境中落实线上心理辅导活动方案，运用心理学的先进知识与实用策略，为大学生群体提供个性化的心理援助。这些服务的受众对象主要面向那些在日常学习和生活中遭遇心理困扰或情绪波动的同学，他们内心渴望获得专业的支持与引导，但因各种个人原因，更倾向于通过网络平台而非亲自前往咨询场所来获得帮助。在线心理辅导的隐私保护特性，极大地减轻了同学们的心理负担，使他们更愿意敞开心扉，推动心理咨询工作的顺利开展。因此，不少大学生倾向于利用网络资源寻求专业心理教师或专家的帮助，在专业人士和导师的悉心指导下，大学生能够缓解自身心理负担和内心冲突，澄清心理困惑，维护良好的心理状态，更顺利地适应日常生活和学业的要求。

（三）开展网上心理测验

首先，收集并精准解析心理数据，以此明确心理问题的具体特征和多样化类别。传统的心理调研方法，如书面问卷，虽有其价值，但往往伴随着较高的时间

成本和精力消耗。相较之下，在线心理调查展现出便捷性、速度和高效率的优势，极大地减少了资源消耗，提升了工作效率。采用在线方式对大学生的心理状况进行评估，通过精确评估心理问题的特性及其严重性，我们能够更有效地制订心理教育策略，从而增强这些措施的针对性和有效性，为个体提供更精准的心理支持。

其次，构建网络心理评估平台系统。网络心理测试是心理学专家以经典心理学理论为导向，通过一系列系统化步骤将个体的心理特征量化，以此来推断和分析其在各个行为活动中表现的心理特质。心理评估的核心目标在于深入洞察大学生的心理健康水平，构建完善的心理健康档案系统，同时协助他们自我觉察心理状态，进而促进心理素质的培养与提升。

考虑到大学生的特征，网络心理测验需要考虑学习、性格、人际关系和应对挑战等方面内容。鉴于大学生群体的独特性，网络化的心理评估工具在设计时需综合考量学习压力、个性特征、社交能力和面对挑战的应对策略等多个维度。在确保科学准确性的基础上，应该增加网络心理测试的趣味性。科学准确性指的是测试的准确性和可信度，设计测试题目时应考虑心理健康标准。为了让同学们参与心理测验，可以运用动画、情景游戏等多元化的方式，让他们在轻松、愉快的氛围中完成心理测验，以便准确评估他们的心理健康状况。

（四）开展网上心理论坛专题讨论

在当前市场经济与知识经济交织的社会背景下，我们需要紧密关注社会对于大学生心理健康的焦点议题。基于当前大学生心理健康教育的实际情况，并结合他们在面对心理挑战时的具体反应，我们应积极引导大学生深入探讨并提高对大学生心理健康教育的重视程度。为了营造一个有利于学生个性与人格发展的环境，我们提倡邀请学术界和专业领域的专家参与深入讨论，以积极的姿态引导大学生识别并解决他们可能遇到的心理障碍。大学生们年纪相仿，生活经历相似，因此他们面临着类似的人生挑战，由此而来的心理问题也相近。通过在线交流和讨论，这些问题的根源类似，借助在线交流和讨论，他们可以一起找到解决方案。

（五）网上心理互助

学校可以充分发挥计算机网络互动功能，创建一个专门的网络平台，让老师、学生和家长进行交流。利用多种在线工具和社交平台，促进教师、学生和家长之间的互动,让他们一起分享个人心理困境,并寻求解决方案。借助教师、同学和家长的外部支持,求助者可以获得所需的帮助和指导,并且有机会帮助其他同学学到经验、探索解决问题的途径。这种自由开放的讨论方式让教师、学生和家长能够随时进行线上参与,针对现有心理问题或困境发表自己独特的观点。鼓励学生积极参与心理教育活动,并促使一些学生更深刻地了解自己和社会。这种效果通常无法通过日常心理交流实现。

第三节　新媒体视域下大学生心理健康教育存在的问题与原因

随着互联网的普及和各种新兴媒体的涌现,各类主要和附属的社交媒体平台,满足了大学生在心理和生理方面的需求,消除了时间和空间上的局限性。新媒体在大学生心理健康教育中展现了独特的发展特点,以其内容的广泛性、智能化的交互方式和创新性的思维导向,实现了大学生心理健康教育的新发展,且提供了更多元化的资源和手段,同时也伴随着一系列前所未有的挑战。

一、新媒体视域下大学生心理健康教育存在的问题

(一)心理健康教育模式无法快速适应新媒体环境

在新媒体时代,短视频等快节奏的媒体平台越来越受欢迎,然而心理健康教育等内容相对于热门流量话题发展速度较慢,大学生对有关心理健康教育的内容并不了解,同时这些话题相较于竞争激烈的流量话题,传播度更低。随着新媒体的兴起,高等学校必须推进信息化教学。随着新媒体技术的蓬勃发展,其内容多样性、智能化的交流方式和创新的思维导向,为大学生心理健康教育带来了前所未有的发展机会,但新媒体的迅猛发展亦伴随着挑战,教育者与学生需不断适应这一新兴的传播环境,最大化地适应其优势,同时有效应对潜在的风险和问题。高校在心理健康教育方面面临着一系列挑战,包括信息传递的滞后性、教学方法的传统性、内容呈现的单调性以及语言表达的固定性。另外还有高校不能及时与新媒体联合,进行线上心理咨询、心理主题交流宣传等活动。这就让新媒体环境

下的心理健康教育逐渐脱离新媒体的发展历程，影响了学生对心理健康教育内容的关注度和参与度。这样一来，就无法充分发挥新媒体技术提升大学生心理健康教育的效果。

（二）心理健康教育者缺乏对新媒体的运用能力

鉴于各高校的具体情况有所不同，应当重视学校的新媒体渠道，并充分发挥其潜力。有很大一部分学生对学校的官方平台提出建议，希望学校可以加强平台信息的及时性、互动性、形式新颖性和内容丰富性等方面管理。还有一部分学生希望可以充分利用新媒体技术来运行平台。教师要想达到最佳的教学效果，就必须要把新媒体广泛应用到大学生心理健康教育的教学过程中，不能像某些高校里的教学，只是单纯地对学生进行书本知识的灌输，不能够灵活运用新媒体辅助教学，使学生对知识的理解不够深入。现在很多学校教师人员数量不够，仍然采取的是大班教学，以教师为主，学生被动接受知识的高校心理健康教育模式，这就使学生对教学环境产生不满意的心理态度，从而不愿意发表自己对课堂内容的见解或观点。在传统的教育体系中，教师在开展课堂教学活动之前，主要负责完成与其教学职责直接相关的准备工作。按照传统的教学进度，教育者进行课堂教学之前，只需要完成自己那一部分的准备工作就可以了。但在"知识爆炸"的时代，也就是现在新媒体快速发展的时代，学生可以接触到大量课本之外的知识和信息。因而，教育工作者就需要及时更新自己专业领域的知识和内容，充实自己，提高自己的教学能力，终身学习，以此来满足学生新的学习要求。

（三）大学生无法正确选择心理健康教育内容

随着互联网技术的迅猛进步，新媒体环境成为信息的海洋。在这种环境下，人们可以轻松地在任何有网络覆盖的地方，通过各种网络终端设备，发表自己对各种事件、现象或问题的看法，表达自己的意见和情感。身处学术圈的大学生因为缺乏社会经验，缺乏成熟心态，无法有效辨别繁杂的信息。在新媒体环境中，大学生的价值观和思维方式可能会受到影响。因此，他们承担着在新媒体中接触到的大量信息可能会对身心健康产生不良影响的风险。在大学的学习生活中，学生们相较于高中时期紧张的学习节奏，享有更多的自由时间，这就使得他们有更多的机会接触和使用新媒体。不过，许多大学生在媒介素养方面尚处于初级阶段，缺乏系统的教育和训练，导致他们在面对纷繁复杂的信息时难以作出精准的分析判断，容易受到误导性信息的干扰。若不及时介入引导，这种情况可能会对未来教育的正确认知产生重大的负面影响。由于心理健康教育在素质教育中的核心地位，其复杂性和长期性不容忽视。我们必须不断地加强对大学生的心理支持和正面引导。这种持续的关注和介入对于帮助大学生保持一个稳定和健康的心理素质至关重要，有助于他们应对生活中的挑战，并为个人的全面发展提供必要的心理准备。

（四）大学生心理健康教育内容缺乏吸引力

心理健康教育活动的核心在于其教育内容本身，为了使大学生更好地理解和掌握知识，教育需紧密贴近大学生的实际生活，形成切实有效的连接。然而，随着新媒体的崛起，传统的心理健康教育模式逐渐显示出其局限性。目前，新媒体在心理健康领域的宣传力度尚显不足，难以激发大学生的兴趣，加之大学生普遍觉得心理健康教育内容晦涩难懂，导致他们缺乏主动探究和关注的意愿。目前有一些心理健康网站虽然在传达心理健康理论方面花费了大量精力，却缺乏创新思维，未能吸引大学生的注意。这样一来，有些大学生可能会觉得这些网站跟不上时代潮流，因而不感兴趣。社交、购物、浏览新闻、娱乐、课程学习、论文写作依次是大学生使用新媒体的目的，从这个顺序中可以看出，社交、娱乐和购物是大学生进行新媒体应用的主要目的，这同时也表明新媒体在改变传统大学生心理健康教育方式，促进大学生理解掌握教育内容方面发挥着极大的作用。在高校官方新媒体平台的建设与发展过程中，大学生群体普遍期望学校能够进一步提升信息发布的时效性，强化平台的互动功能，并在形式设计上进行创新，同时提供更为丰富和引人入胜的内容。同时，大学生们普遍呼吁高校加强对心理健康教育的重视，高校应着手开发易于使用的在线心理咨询服务，以便大学生便捷地获取专业支持，同时积极筹办以心理健康为核心的多形式宣传活动，以提高学生的心理健康意识。同时，引入辅导员线上互动机制，以便进一步促进师生间的沟通，确保大学生能够及时获得指导与帮助。教育者在实现教学目标的过程中，应充分利用新媒体技术，将其融入心理健康教育的各个环节。这些不仅有助于及时解决大学生的心理问题，也促进了大学生心理健康教育的创新发展。尽管学校官方网站是大学生关注的重点之一，但存在一些问题，诸如心理健康信息的更新速度滞后、内容过于陈旧，以及心理健康栏目的设置缺乏细致规划。这些问题不仅会降低大学生对该平台的兴趣，还可能阻碍他们获取最新、最相关的心理健康知识，从而影响了在线心理健康教育的实际效果。

（五）高校对新媒体媒介缺乏监管

大学生心理健康教育面临着新媒体环境带来的挑战，因为这种环境具有开放、虚拟和互动的特点，导致教育工作者在这种情况下难以准确把握如何进行教育。在新媒体时代，对舆论信息的监管存在不足，大学生面临来自多个渠道的复杂信息，许多新媒体账号出于利益考虑发布内容，这些内容有可能误导大学生。从这方面可以看出，在新媒体环境下，对大学生心理健康教育内容的审核标准相对宽松，与更传统的传播渠道相比，审核过程的严格性有所降低。

新媒体自由开放的传播特点，使用户个人的语言表达更加情绪化，带有强烈的主观性，同时降低了监督者在网络信息传播过程中的监管效率，忽视了社会规范和道德约束的作用。新媒体有利有弊，一方面带来了方便快捷的教育模式，另一方面也带来了大量不良信息，脱离了监管教育的宗旨。古代有一个有名的例子，孟母为了给孩子提供更好的教育环境，三次迁居。这证明在教育质量优劣的评判中，教育环境占据着举足轻重的地位。在大学生心理健康教育的实践中，引入教育环境理论显得尤为恰当。良好的教育环境无疑有助于促进大学生心理素质的积极塑造，而相对不足的教育环境则可能对大学生的心理素质健康发展产生负面影响。新媒体的虚拟性特点，为大学生营造了一个虚拟的安全氛围，也就使他们可以在网络上发表或作出一些不被现实所能接受的言论或行为。在高校中，由于新媒体仍属新兴领域，目前尚处于一个探索性的初期阶段，尚未构建起一个全面且成熟的管理体系，同时也缺乏一套严谨而完善的操作标准来指导其运行。

二、新媒体视域下大学生心理健康教育存在问题的原因

（一）新媒体环境对心理健康教育的要求在不断变化

在当今社会发展中，很多高校的大学生心理健康教育活动并没有像其他领域一样，借助新媒体、云计算、大数据等开展工作。大学工作中的琐事繁多，内容涵盖范围广泛且存在交叉影响，这样很难将心理健康教育工作具体量化。高校传

统的心理健康教育方法过时了，没有跟上新媒体时代信息传播的快节奏，从而难以取得预期效果。在当今新媒体时代，学生在学习生活中的挑战和压力不断增加，这会导致学生心理压力加剧，也可能会引发学生的消极情绪。如果心理健康教育不能适应新媒体环境的需求，学生缓解自身心理压力和负面情绪的能力将会受到影响。新媒体的快速和易分享特性，使信息快速流通，极大地促进了其传播的便捷性，同时也推动了信息资源的广泛共享。在这种背景下，显著地增强了学生的思维能力，并推动了他们认知水平的发展，为大学生心理健康教育的蓬勃发展提供了有利的条件。根据大学生心理健康教育内部环境，可以通过整合适应新媒体环境的资源，简化和优化心理健康教育流程，从而预防大学生心理健康问题，帮助他们更好地面对新媒体的影响。

（二）教育者没有树立运用新媒体进行教学的观念

当前，心理学专业教师构成了高校大学生心理健康教育的中坚力量，同时，辅导员和其他教师也发挥着不可或缺的辅助作用。由此可见，高校教育从业者的专业素养和技能水平对于大学生心理健康教育的质量具有决定性的影响。一个由具备卓越教育背景和深厚专业心理健康知识的教育团队所构成的教育机构，无疑为提升心理健康教育水平奠定了坚实的基础和可靠的保障。随着新媒体时代的到来，心理健康教育应与时俱进，与教育环境的变革同步，以确保教育效果的持续优化和提升。

因此心理健康教育者需要积极转变观念并把新媒体概念应用于教育过程中。在高校大学生心理健康教育者中，绝大多数是通过传统方式接受教育成长起来的。鉴于他们在传统媒体主导的环境中成长并接受教育，可能面临与新媒体时代潮流脱节的挑战，对新媒体技术的运用观念相对滞后，缺乏与时俱进的意识。随着时间的推移，教育者们一直在对教育方法进行创新和发展。目前，大学心理健康教育领域的从业者通常保持着传统的教学方式，未能充分利用新媒体在大学生心理健康教育中的发展潜力。在心理健康教育中，那些不熟悉新媒体概念的教育者可能会面临一些挑战。由于他们无法将一些前沿的信息融入课堂教学中，大学生群体常常比教育者更早接触到大量信息。这导致了教育者和学生之间的信息不对称，增加了他们之间的距离，在课堂上很难达成默契。由于这种与新媒体时代脱节的现象，大学生可能对心理健康教育持消极态度，甚至产生抵触情绪，从而成为大学生心理健康教育深入推进的潜在阻碍。

（三）新媒体环境下受教育者心理素质个体差异增强

高校学生群体具有多样化的特质，大学生来自四面八方，他们的个性特征、生活习惯、家庭底蕴、价值观念及兴趣所向都各有差异。这种多元化不仅源于他们不同的专业学识背景，也涵盖了他们各异的社会实践经验，并展现出各自独特的心理素质。而这种区别主要受到两方面的因素影响。第一，大学生接受的教育是不同层次的，水平不一，影响也不同。大学生接受的心理健康教育水平不同，所以他们在对新媒体环境下的内容选择也会不同。第二，不同教育知识专业背景下的大学生，对媒介的使用能力也有所不同。对以上两个因素的分析中，尽管差异性程度不尽相同，但这并不构成高校实现心理健康教育培养目标的障碍。高校的教育宗旨在于塑造学生积极和健康的心理特质，并致力于完成育人的根本任务，为培养能够承担国家复兴大任的新时代人才做好准备。目前，在高校开展心理健康教育时，会出现没有充分考虑到学生具有不同的心理健康水平和个性特征的情况，因此个性化教育的推进速度比较缓慢。这导致一些心理素质较好的学生可能会因为熟悉的教育内容而表现出消极态度，在新媒体技术的帮助下，他们逐渐失去对心理健康教育的兴趣。然而，在心理健康素质较差的学生中，因未及时接受有针对性的教育，他们逐渐受到不良信息的诱导，很容易影响他们的认知，严重的甚至会导致他们自我封闭。

（四）高校心理健康教育内容创新不足

当前，大学生心理健康教育内容与新媒体发展的脉络紧密相连，它们相互依存、相互促进，共同构成了实现心理健康教育育人目标的关键要素。然而，在高校心理健康教育的实施面临着一些普遍存在的问题。例如，心理健康教育课程往往被视为辅助性课程，其内容的更新速度未能跟上时代的步伐，且授课方式有时显得单调乏味、缺乏吸引力等。当前高校创新大学生心理健康教育内容的关键就是要解决以上所说的这些问题，积极普及大学生心理健康教育内容。造成上述问题出现的还有一个重要原因，那就是现在的高校还不能够很好把教育和新媒体的优势结合起来，缺乏创新精神。现在大学生心理健康教育工作者还不能够熟练运用新媒体平台的众多功能,发送通知、播放视频等这种基础简单的功能已经不能满足当前的教学应用。所以,教育工作者需要打开思路,针对学生特点,将新媒体技术融入日常教学,创新教学内容,增强课堂的吸引力,是当前教育领域的一大趋势。

(五)高校新媒体监察机制不健全

新媒体时代下,各大高校紧随时代的脚步,都开启了微信公众号和抖音号等官方账号,来进行线上网络大学生心理健康教育工作,但因为每个高校的具体情况不同,所以专门负责新媒体中心运营的工作人员,对新媒体中心的管理也不是完全一致的。高校专门成立了新媒体中心,并由校团委的学生干部负责运营管理,同时由团委教师对其发布的内容进行审核,最后再进行信息推送。但是,这样做就会出现一个问题,那就是高校若未能配备必要的网络舆情监控系统,可能会遗漏一些不良网络信息,这些信息有可能对学生的心理健康造成负面影响。为此,当前高校正积极构建涵盖学校、院系、班级和宿舍四级的心理健康网络体系,目的在于更全面、细致地了解学生的心理状况,从而更有效地帮助他们培育健康的心理状态。然而,高校的新媒体监管机构在关注心理健康教育的监管体系方面存在缺失,也缺乏一套严密的网络监控体系来有效应对新媒体环境中涌现的复杂且庞大的信息流,也未实现逐步加强和深入监控的目标。由于经验和能力有限,高校新媒体监管部门在处理心理健康教育方面遇到了困难。他们还没有建立完善的心理危机干预和预防系统,包括"发现、监控、干预、转介、善后"等措施。另外,高校心理健康教育专业人员的稀缺性,导致教育工作者在教学和心理辅导任务中投入了大量精力,而对新媒体心理健康教育的监管机制缺乏必要的关注。因此,对于不良网络信息的监测和防控显得尤为关键,其疏忽可能会对学生的心理健康产生不容忽视的负面影响。

第四节 新媒体视域下大学生心理健康教育的措施

新媒体视域下高校心理健康教育须随之进行改革,打造新媒体心理健康教育模式。在高校进行心理健康教育的相关工作人员必须着眼于关键问题,使高校心理健康教育的工作得到新的发展和创新。面对新时代的挑战，高校及其心理健康教育工作者肩负着探索一条适应新一代青年健康成长需求的心理教育路径的重要任务。

一、加快高校心理健康教育与新媒体发展的融合

因为在时代发展的每个时间点，社会上对大学生心理健康教育的关注点都各不相同，所以这就使大学生心理健康教育成为一个时常讨论的话题和时常有新意的话题，对高校心理健康教育的要求也是会随着新媒体环境的变化而变化。由此可以看出，提高高校新媒体环境下心理健康教育工作质量的有效方式就是加强大学生心理健康教育工作对新媒体环境变化的适应性。

（一）发挥新媒体在大学生心理健康教育工作中的优势

大学生通常更倾向于寻找有着和他们类似经历的人来帮助他们解决心理问题。由于新媒体具有这种内在优势，因此在进行大学生心理健康教育时，应该充分利用新媒体的优势和作用。

第一点，新媒体对心理健康教育有着极强的保密性，能够帮助大学生将其产生的心理问题快速表达出来。研究指出，与面对面的传统心理治疗相比，线上心理健康咨询服务更易获得患者的偏好，并且在治疗效果上显示出更为显著的优势。与传统心理治疗的复杂性相比，患者在新媒体所营造的虚拟环境中更容易敞开心扉，倾诉内心的困扰。利用新媒体平台对大学生进行心理健康教育，可以有效保障大学生的个人隐私，减轻他们在接受治疗时的心理负担。大学生在处理自己的心理问题时，可以减少和老师面对面交流的时长，也可以更加轻松地面对自身内心出现的问题。尤其是在面对一些有些尴尬的话题时，比如"性"话题，新媒体的应用能很好地解决这一问题。

第二点，新媒体的运用为营造一种轻松和自然的氛围提供了可能，这有助于在心理健康教育过程中建立大学生与教师之间的平等对话关系。在传统的心理健康教育中，通常存在着固定的师生关系，这种关系可能会让大学生在与老师交流时感到一定压力，导致他们难以真诚表达内心的想法。在新媒体环境中，教育双方可以更加自由平等地交流，这种环境能够促进心理健康教育的顺利进行，营造积极互动的氛围，有利于保障心理健康教育的有效开展。

第三点，借助新媒体的便捷特点，推动大学生心理健康教育，使其更符合现在的实际需求。新媒体的优势就是可以打破时间和空间的限制，让大学生心理健康教育能够更加贴近生活、贴近现实。

第四点，新媒体具有高速信息传播的优势，在大学生心理健康教育的时效性方面发挥着极大的促进作用。新媒体的使用依据是网络媒介，网络的灵活性可以使大学生充分准备，组织语言，进行有效的沟通，这个过程不仅对大学生来说很重要，对教育者来说也很重要，教育者可以有充足的时间来对学生进行综合分析，使教育者可以充分发挥自身的教育优势，帮助学生解决问题，最大化地优化教育目的。教育者还可以充分利用新媒体等各种平台将心理健康教育知识宣讲融入大学生日常生活中。现在大学生使用最多的就是"微信""抖音"这两个新媒体软件，这两个软件具有虚拟性，在这上面可以进行文字、图片、视频等方面的交流，大学生主要是和同辈人进行心理、情感上的联络。所以，心理健康教育工作者需要充分利用新媒体，对大学生进行正向的、积极的引导。

（二）完善大学生心理健康教育的新媒体载体

第一，打造平台交流机制，积极运营自媒体公众号，也就是要加强心理健康教育专属新媒体平台和辅导员自媒体平台之间的交流。学生倾向于在新媒体平台上使用社交网络和短视频应用程序等工具，高校可以抓住这一点，通过在这些受欢迎的平台上创建官方账号来推广心理健康教育。对于那些已经启动的专门用于心理健康教育的新媒体平台，学校应着重加强其运营与管理，确保内容的时效性和互动性，以便更好地满足学生的需求，有针对性地利用各种新媒体平台的特点和优势。比如以下几种新媒体，它们的特点优势各不相同。微博以其出色的传输效率和迅速的信息交换能力，成为发布心理健康教育实例与普及相关知识的理想平台；微信则凭借其高用户关注度和庞大的浏览量，为心理健康教育知识的趣味测试和在线辅导内容提供了优质的发布渠道；"易班"和"学习通"以其强大的教学功能，在大学生心理健康教育中扮演着举足轻重的角色；至于抖音等短视频软件对学生群体的吸引力尤为显著，成为分享趣味心理健康教育短视频的优选平台。

第二，在心理健康教育的推广实践中，对新媒体平台的利用显得尤为关键。

特别是在高校环境中,那些在网络平台上拥有广泛影响力和活跃度的知名人士,他们不仅是师生群体中的杰出代表,更是推动心理健康教育深入人心的关键力量。高校应着重培育具备心理健康专业素养的教师队伍,这些教师可以通过较为轻松或半正式的方式与学生进行交流,普及心理健康的相关知识。构建一支独具特色的非官方传播团队,借助他们在网络上的广泛影响力和坚实的粉丝基础,推广既有趣又富有教育意义的心理健康教育内容。在推进大学生心理健康教育的过程中,高校不仅可以利用校园官方媒体进行宣传,还可巧妙借助"网络影响力者"(V团体)在广大学生活跃的网络平台上,以更具娱乐性和吸引力的方式传播心理健康知识。这要求高校管理层有意识地培育一批具有良好品德和一定粉丝基础的"V团体"成员,与他们建立平等的互动交流关系。在保障他们具有网络独立发言权和自由权利的基础上,积极引导和支持他们参与到心理健康教育的推广工作中。通过发挥他们的优势,以轻松幽默、贴近学生的方式传递心理健康信息,从而有效缓解大学生的心理脆弱和疑虑情绪,提高心理健康教育的吸引力和实效性。相较于官方平台,由学生群体构成的"V团体"运用间接而灵活的宣传方式,在推广心理健康知识方面往往更为有效,使学生群体在更为轻松和亲近的氛围中接受相关信息。这种策略加快了高校利用新媒体平台推进心理健康教育的步伐,促进了心理健康教育在新媒体背景下的积极发展。

二、提升高校心理健康教师的新媒体素养

在如今数字化媒体快速发展的背景下,大学生是最快适应新媒体的一个群体,凭借其开放的视野和网络条件的便利,成为对新媒体环境感知最为敏锐的群体。高校心理健康教育工作者可能由于成长背景和年龄差异,难以迅速把握大学生的思维模式,因此,在新媒体环境中,教育工作者往往处于信息获取的相对滞后状态。提升高校在新媒体环境下的心理健康教育工作效率,关键在于强化教育者运用新媒体进行心理健康教育的意识,从而更加精准地把握大学生的心理需求,提升教育效果。

(一)增强高校心理健康教师的新媒体意识

高校教育事业的整体规划由高校管理者制订,而取得成功的关键在于他们的

执行和决策能力。只有将前瞻规划与历史发展经验相结合，才能推动新媒体时代心理健康教育事业的进步。随着新型媒体的普及，高校建设已受到其深远影响。在当今教育领域中，随着新媒体不断发展和融合，单纯依赖新媒体传播功能的高校官方沟通工具已经不足以满足教学要求。一些学生认为，在新媒体平台上进行高校心理健康教育工作具有一定挑战，因为他们认为学校未对此投入足够重视。这表明高校管理者需要加强对新媒体的理解，调整思维模式，致力于在教育教学中充分利用新媒体的功能，在心理健康教育的关键领域，高校应特别注重增强学校心理健康教育工作者的新媒体素养。校党委需发挥带头作用，让全校教职员工掌握新媒体的基本原理和操作方法，进而提升心理健康教育的传播效果和互动性。

新媒体的特点是迭代迅速，其运行功能展现出高度的灵活性和适应性，不仅受时间条件的约束较少，而且在空间条件上也具备了更大的自由度，所以高校可以利用这个特点，在进行心理健康教育工作者学习和培训新媒体的安排方面，灵活方便地运用课余时间，目标是让教师们逐步掌握并精通新媒体在宣传教育和教学方面的操作技巧，从而让他们能够充分利用新媒体的便捷性和灵活性，在任何时间、任何地点有效地进行心理健康教育的推广和普及，以充分发挥新媒体在心理健康教育中的独特优势。

此外，高校可邀请计算机科学领域的教师提供必要的技术援助，并聘请经验丰富的新媒体运营专家担任新媒体平台的技术顾问，通过定期组织新媒体技能竞赛，旨在激发全校师生参与的热情，推动新媒体在教学活动中的深入应用。这将确保学生能够紧跟教育领域的最新发展，实现线上教学与线下教学的有机结合，还能进一步普及新媒体教育的理念，以推动教育创新与发展。

（二）提高高校心理健康教师的新媒体运用能力

教师的宗旨是传道、授业、解惑。教师的使命是传授知识、教育学生、解答疑惑，因此"传道者首先要做到自己明道、信道"。作为老师，在追求教学目标时，需要具备高水准的专业素养，首要任务是在工作中将"传道"作为重中之重，必须以深入了解学生为前提，努力实现与学生的密切互动。心理健康教育是一项复杂且多维度的任务，它对心理健康教师的综合素养提出了高标准的要求。在新媒体日益发展的背景下，教师运用新媒体的能力变得尤为关键，这对心理健康教育的成效产生了显著影响。心理健康教师需要不断提高自身的新媒体运用能力，以确保能够更为有效地开展心理健康教育工作，进而推动其质量的全面提高。

高校应安排专业的新媒体团队，对心理健康教育人员进行系统培训，旨在培养他们具备扎实的新媒体素养和熟练的新媒体操作技能，从而能够更好地利用新媒体平台进行教学和指导。同时，我们强调心理健康教育工作者在新媒体环境中的行为素养，以积极正面、乐观向上的形象示人，树立良好的榜样，促进一个积极健康的新媒体氛围，进而对学生的心理健康产生正面影响和引导作用。构建一个以新媒体为核心的平台，在此平台上心理健康教师通过自学和同行交流来增进专业技能，增强新媒体的使用技巧，此举不仅有助于推动基于新媒体的心理健康教育研究，还能显著提高教师独立授课的能力，并促进课程设计的创新与完善。在提升心理健康教师新媒体运用能力的进程中，可以通过组织各类技能竞赛来实现，如"新媒体教学技术创新大赛""新媒体教育资源检索与发布挑战赛""新媒体教育课程的设计与实施"等竞赛项目。这些活动不仅能够增强心理健康教师的专业素养，还能有效提高他们运用新媒体进行教学的技能水平。在当下的教育现代化背景下，通过融入新媒体元素，对大学生的心理健康教育课程进行全面革新，同时制订与新媒体环境相适应的心理健康教育课程评价标准。此外，鼓励心理健康教师参与新媒体教学的示范课程，以逐步增强他们在新媒体平台上的教学能力。

三、培养大学生的自我心理健康教育

在新媒体盛行的今天，大学生接触的新媒体平台质量良莠不齐，虽然获取信息的效率获得显著提高，但同时也面临着海量且复杂的信息流。鉴于不少大学生在情感认知和心理健康意识方面尚显不足，提高其对网络信息的甄别能力、激发对新媒体时代心理健康教育内容的兴趣，并强化其自我教育的意识，已成为高校在新媒体背景下提高大学生心理健康教育质量的关键。

（一）增强学生的新媒体素养与新媒体运用能力

心理健康教育工作的深入推进，既是对教育者综合素养的全面考量，也是对受教育者在知识接受过程中自我成长的检验。新媒体的有效应用不仅能够提高教育的成效，还有助于提升受教育者的个人素养。在新兴的传播平台上，信息量庞

大且内容多种多样，大学生容易受到各种不同信息的影响，从而影响他们的思想观念和心理以及行为。大学生处于心理成长的关键时期，往往社会阅历和视野有限。在面对海量信息时，大学生较易受到负面信息的冲击，这可能引发心理障碍。大学生心理健康教育工作的核心在于培养大学生的信息甄别技能，提升他们的新媒体素养及运用能力。培养大学生的信息辨识能力，将有助于他们在新媒体时代更有效地筛选和利用有益的资讯，促进个人成长。保证教育者传达的信息与学员学到的内容一致，可以更有效地促进心理健康教育的推广。培养学生对新媒体的技能应用能力和认知，可以提高大学生在新媒体环境中获取信息的准确性，帮助他们具备更好地处理和理解信息的能力。

增强学生对媒介的理解和运用能力，可以有效地利用新媒体促进心理健康教育。首先，为了培养大学生的媒介素养，学校可以引入选修课程，以此激发学生主动学习的兴趣。此外，将媒介素养教育与计算机操作等技术类课程相融合，通过实际操作来深化学生对媒介素养的理解与掌握。在利用新媒体开展大学生心理健康教育的过程中，高校应着重强调媒介素养的宣传教育，关注大学生在自我保护与能力提高方面的需求。由于大学生在利用新媒体进行学习和压力释放时，可能因缺乏警觉性而受到不良信息的侵害，因此，培养他们的良好媒介素养和新媒体技能对于帮助他们在娱乐的同时避免受到不良影响至关重要。其次，高校在运用新媒体开展心理健康教育时，应凸显学生的主体地位和媒介的互动作用，应重视鼓励学生通过新媒体自由表达自己的观点，使其在心理健康教育中获得自主权。这不仅有助于教育者更全面地了解学生的心理状态和想法，还能激发学生的主动性，使他们深刻感受到自我价值。只有当学生自愿参与其中，高校的心理健康教育才能真正实现其目标。

（二）引导大学生树立良好的自我意识

协助大学生培养积极的自我意识。通过深化自我意识，大学生能够更真实且客观地审视自身，从而坦然面对由此产生的各种情绪，并有效调整。大学生清晰地了解自己的健康状况有助于教育者及时认识和理解大学生的心理问题。在当下的数字化环境中，大学生的心理健康教育变得至关重要。首先，帮助大学生建立正确的自我认知是培养他们健康自我意识的关键。新媒体的流行为大学生提供了更多发展自我的机会，在错综复杂的新媒体时代背景下，大学生时常面临自我认知的困惑，难以全面而准确地了解自我。鉴于此，教育者应当引导大学生不过分依赖新媒体上的片面评价，且鼓励他们投身于实践活动之中，充分展现个人才能，挖掘内在潜力，并在此基础上进行深入的分析与总结。大学生应学会将实际经验与新媒体信息相结合，以理性的态度审视外界的评价，同时进行深度的自我审视与反思，从而获得全面而准确的自我认知。此外，教育者还应积极鼓励大学生树立自信，认同并接纳真实的自己。每个人都具有各自的特质和长处，也存在一些缺点。但大学生应该明确自己的特长，并努力展现出来，同时勇于面对并改进自身的不足，建立自信心，并通过持之以恒的努力来不断提升自己。对于学习表现不突出但具备文艺天赋的大学生，建议他们积极投身于文艺活动，通过此类活动增强自信，并以此为动力提升学业成绩。大学生要避免沉溺于新媒体，或试图在其中构建一个脱离现实的"虚拟自我"。教育者的核心目标是引导大学生有效地规划生活，并强化他们的自我管理能力。在教学过程中，教育者将注重培养学生的自我调控能力，强调规范的重要性，并促进他们身心的健康发展。这样的做法旨在帮助大学生更好地掌控自己的生活，实现个人成长和全面发展。

情绪管理能力的培养同样至关重要。情绪作为人类心理活动的核心部分，在新媒体环境中对大学生的心理健康教育至关重要。教育者应指导学生如何在新媒体环境中以恰当的方式释放情绪，且提高其情绪调节能力，这在处理大学生的心理问题方面发挥着关键作用，有助于塑造他们健全的心理状态。此外，教育者还需教授学生如何合理利用新媒体来表达和调节情绪，培养健康的情绪调节机制。面对新媒体使用过程中可能产生的冷漠、抑郁、焦虑或其他负面情绪，大学生应学会及时且恰当地表达自己的感受，防止因情绪的累积导致孤独感的产生，避免可能引发的人格发展障碍等问题。在教育中，可以建议大学生通过聆听音乐、进行体育活动、外出游玩或与亲友交流等方式来帮助他们实现情绪的稳定。具体而言，大学生可以利用公园 20 分钟放松法，亲近自然；或者去参观博物馆，以此来放松心情、减轻消极情绪的影响。这些实践活动不仅有助于他们调节情绪，更能促进他们情感健康的全面发展。教师在此过程中扮演着至关重要的角色，他们应当引导大学生敏锐地观察新媒体对个体情绪产生的潜在影响，并教授他们如何在意识到情绪变化时，采取积极的心态去接纳、管理和调节这些情绪。这样的教育方式有助于大学生在新媒体环境中构建更为健康、稳定的心理状态。

四、增强大学生心理健康教育内容的吸引力

大学生之所以可以引领社会思潮，是因为他们是最先通过新媒体平台接受新潮事物和社会信息的人群。随着互联网的迅速发展，大学生这类群体已经和信息传播进行深度捆绑，新媒体平台更是凭借自身优势，对大学生的学习和娱乐产生了重大影响。因此，高校在开展心理健康教育时，要高度重视新媒体平台的作用，积极发挥其优势，丰富和更新教学材料，使之更加贴近学生的兴趣和需求。同时，加强心理健康教育的体系结构，构建一个全面而有效的支持网络，以帮助学生应对学业和生活中的压力。

（一）丰富大学生心理健康教育的新内容

丰富大学生心理健康教育的新内容能够预防大学生经常出现的心理问题。引导并帮助大学生解决一些常见的心理问题的有效措施是利用新媒体进行心理健康教育知识的普及，促使学生心理健康成长。当前新媒体环境下大学生心理健康教育的主要内容有：首先，塑造大学生健康的心理状态；其次，向大学生传授恰当的职业规划和目标；再者，培养大学生出色的人际交往技巧；最后，强化大学生自主学习的能力，使其掌握基础的心理调适知识。随着新媒体的快速发展，大学生心理健康教育也应当跟上时代的步伐，不断地进行内容的更新和补充。这不仅包括传统心理健康教育的各个方面，还应该涵盖新媒体环境下可能出现的新问题和挑战，以确保教育内容的时效性和实用性。通过这种方式，教育者可以更全面地帮助大学生培养适应现代社会需求的心理素质。

大学生心理健康教育需要在当前新媒体的发展下，有意识地创新，顺应形势，不再是机械性地死记硬背，而是帮助学生真正理解并学会相关知识。由于心理健康专业书籍措辞晦涩难懂，目前的宣传方法乏味，并且学生常常以敷衍的态度学习心理学内容，因此他们很难产生相应的学习兴趣。新媒体技术的快速发展和广泛应用有助于创新教学内容和教学方法。针对学生在新媒体环境下学习的特点，利用广泛使用的平台如"抖音"等制作有针对性的心理健康教育短视频，有助于学生更好地理解相关内容。以"青年大学习"的成功宣传模式为蓝本，教育者可以汲取经验，巧妙地将其融入心理健康教育的推广之中，以激发学生的参与热情和学习动力。在当前新媒体盛行的时代，语言的表达趋向于幽默诙谐、自由灵活，

这与当代大学生的生活态度和文化取向高度契合。因此，教育者在进行心理健康教育宣传及授课时，应巧妙运用幽默元素，使文字内容和语言表述更加符合学生的日常生活场景，营造一种亲切、自然的氛围，使学生在愉悦、轻松的体验中深化对心理健康知识的理解。这样的教学方式不仅能够提高学生的学习效率，更能促进他们对心理健康教育的兴趣和热情。

（二）构建大学生心理健康教育的新形式

新媒体技术的广泛应用极大地简化了大学生之间的沟通过程，使其更加便捷和高效。为了适应这一新兴的沟通环境，大学生的心理健康教育也亟须与时俱进，进行恰如其分的调整与优化。在推动心理健康教育的广泛实施过程中，应着力倡导并普及采用公众号、视频号以及线上心理健康平台等新媒体渠道的教育模式。这种模式的构建，要聚焦大学生在新媒体时代的需求，深度剖析他们在这一环境中的学习倾向与兴趣偏好，并将这些考量纳入教育工作的整体布局。教育者可以巧妙地将新媒体资源与学校的办学特色、校园文化活动进行融合，以此丰富大学生的心理健康教育内容，并强化其实用性。同时，通过微电影、情景剧等创意形式，增加教育的趣味性和互动性，促进团队协作。此外，结合多元化的社会服务活动，可以进一步凸显心理健康教育的社交属性，通过多样化的教育形式，全面提升心理健康教育的质量与效果。通过组织多样化的活动，比如线下心理沙龙、主题班会、团体辅导和拓展训练等，旨在将校园文化与大学生的个人兴趣紧密结合。同时，利用新媒体平台的优势，进行网络成果宣传和展示，或采用微电影形式展示活动流程，以此提升大学生的参与热情和学习兴趣。通过新媒体平台导演一部短视频，可以作为他们日常心理健康教育的典型案例，让学生们自己演绎并分享这些故事。这样的展示不仅能够唤起大学生对心理健康教育的好奇心，更关键的是鼓励他们正视心理健康议题，激发他们的学习热情，并激励他们主动寻求解决方案。

在当代新媒体技术的助推下，心理健康教育领域正呈现出多元化的主题面貌。我们深入挖掘大学生的兴趣点，结合其个性化需求，将不同话题与心理健康教育紧密融合，旨在更加精准地解决大学生可能面临的心理健康问题。这种策略不仅提高了心理健康教育的实效性，也进一步促进了大学生心理健康的全面发展。将学生制作的心理健康教育作品发布于学校的官方新媒体渠道，这些作品不仅能够作为示范，还可以作为教学资源，供大学生学习和参考，树立典范并推广成功经验。学校塑造具有自身特色的心理健康教育课程，进而促进学生心理健康的全面发展，由此能够展示学校在心理健康教育方面的创新和专业性，同时也为学生提供了丰富的学习材料。在深化大学生心理健康教育的过程中，教师应洞察大学生对社交应用的偏好，设计多元化的心理活动方案，并通过各类平台发布，旨在点燃大学生自主学习的热情。倡导大学生踊跃参与这些教育活动，以兴趣为导向，使大学生深化对心理健康知识的理解和掌握。同时，利用新媒体的便捷性和互动性特点，不断创新心理健康教育的形式，使之更加丰富多样。为增强教育内容的丰富性和深度，策划了一系列以心理健康教育为主题的趣味性竞赛，例如"心理健康网络宣传创意竞赛"或"在线心理健康教育平台设计创新挑战赛"。这些竞赛活动将邀请资深专家担任评审，确保活动的策划既专业又可行，还应广泛招募在校大学生参与，让他们作为大众评审，基于内容的创新性和学生群体的接受度进行投票，从而更加贴近学生群体的兴趣与需求。

五、构建新媒体环境下大学生心理健康教育管理机制

在新媒体技术的快速发展下，大学生在购物、交流以及游戏等方面获得了前所未有的便捷体验。然而，这也伴随着个人信息泄露、电信诈骗以及网络游戏沉迷等潜在风险。这些风险因素极易诱发大学生出现焦虑、抑郁乃至恐慌等心理健康问题。鉴于此，在新媒体环境下构建一个健全的大学生心理健康教育预警与监管机制显得尤为迫切和重要，这将成为有效防范新媒体对大学生心理健康造成负面影响的关键举措。

（一）建立大学生心理健康教育监管机制

最早在《大众传播的议程设置功能》一文中提出议程设置理论的人是美国传播学者麦克姆斯和唐纳德·肖。议程设置是指在新媒体环境中，新媒体媒介通过影响社会大众的看法和关注点，对塑造社会舆论产生重要作用的活动。在这种情况下，新媒体媒介可以在传播过程中助力大学生有效应对周遭的焦点问题，为他们提供理智的判断和选择导向。因此大学生心理健康教育工作者可在新媒体环境下应用此理论，发掘新的教学方法和内容，创建新的监管体系，同时教育工作需

不断优化，以适应新媒体环境的演变。通过设计开发个性化的教学内容和策略，辅助大学生形成积极的心理状态。高校心理健康教育工作者应担负起责任，筛选和整理多样化的心理健康资源，强调和突出积极、有益身心健康的信息，以便让大学生更容易接受和认可，筛选过滤出负面信息，从而在新媒体环境下对大学生心理健康教育内容进行有效监管，避免不良信息对学生心理健康造成潜在的不良影响。在高校的管理体系中，教育管理部门携手宣传部、团委等部门和与学生工作密切相关的部门，联合构建一个专项工作团队，负责全面且深入地开展网络净化行动。其意义在于为学生构建一个积极向上、健康阳光的新媒体互动空间。同时，确保新媒体工具能够在大学生的学术探索和个人成长中发挥正面的推动作用。高等教育机构作为学生管理的关键责任机构，在新媒体环境中对心理健康教育的实施至关重要。其首要之务在于建立对新媒体环境的有效监督与管理机制，这是教育工作的基石。高校应积极采取措施，保护学生免受不良及非法信息的侵害，并防范低级趣味和庸俗文化的影响，确保学生心灵的纯净与健康成长。为此，高校需要与网信、公安等相关部门建立紧密的合作关系，在高校环境中，建立一个牢固的网络安全防线至关重要。利用尖端技术为大学生接触到的新媒体内容建立周期性与偶然性的复合审查机制，旨在全面而精准地识别并拦截有害内容，为大学生提供强有力的心理健康保护，并实现对新媒体环境的有效监管。

（二）建立大学生心理健康教育预警机制

新媒体对大学生的心理影响是把双刃剑，它在一定程度上缓解了学生的心理压力，但同时也有可能引发一系列新的潜在心理挑战，我们需要对这些问题给予高度重视。为了有效监管新媒体环境中大学生的心理健康状态，我们必须制订新的监测机制，确保问题能够及时被发现并高效处理。在新媒体平台上，应构建一个预警系统，利用多样化的信息传播方式，实现对不同年级和专业的学生进行定制化的管理。通过深入分析和准确判断不同类别大学生的实际情况以及他们在成长过程中的阶段性特点，我们能够实现精准定位，从而为他们提供更为全面、深入的心理健康支持。收集涵盖不同背景的大学生思想与心理状况的实时信息，我们将构建一套全面而精细的大学生心理健康教育预警数据库，通过细致的分类和整理，我们能够全面收录各种预警信息。心理健康教育者可以运用其专业知识，对潜在的心理危机进行及时、有效的干预，为大学生提供切实可行的解决方案。

此外，我们还应不断拓展心理健康教育的内容领域，以增强大学生在新媒体环境下的心理适应能力和自我调适能力，从而提升心理教育的整体效果。在现今数字化与新媒体交融的时代背景下，大学校园中网络舆论对大学生心理健康的潜在影响不容被忽视。为了更加精准地满足大学生心理成长的多元需求，应利用新媒体技术的优势，构建一个由学生事务管理者、心理健康专家和各学院辅导员组成的专业网络舆情监管团队。此外，我们还需构建网络舆情的预警机制，这样不仅能够迅速捕获舆情动态，还能通过分级警示系统，对潜在问题进行及时、有效的处置，从而预防不良舆情对大学生心理造成不必要的压力和焦虑。在新媒体的助力下，预警系统将成为高校心理健康教育工作的得力助手，帮助我们更早地发现学生的心理问题，并迅速采取相应措施，为有效应对他们的心理危机奠定坚实基础。

第五章 新媒体视域下大学生心理健康教育实践

本章介绍了新媒体视域下大学生心理健康教育实践，主要有新媒体视域下大学生的自我意识研究、新媒体视域下大学生的情绪管理研究、新媒体视域下大学生的人际交往研究、新媒体视域下大学生的学习与生涯发展。

第一节 新媒体视域下大学生的自我意识研究

一、新媒体视域下大学生自我意识的发展情况

心理健康的核心体现在建立健全的自我意识。这种自我意识不仅具备调节个体自我认知与自我体验的功能，而且能够积极推动个体人格的全面发展与优化，从而确保个体心理健康状态的稳定，且具有促进个体发展的作用。在校大学生正好处在一个青年中期阶段，在这一特定阶段，大学生表现出自我意识迅速成熟与深化的特征。个体自我意识不同构成要素之间的和谐与平衡，是评估其自我意识成熟度的一个重要尺度。只有当这些要素能够同步且协调地发展，个体的自我意识才能达到一个较为成熟的阶段。反之，若要素间存在发展不均衡或失调的情况，则可能制约个体的自我意识发展，甚至引发潜在的障碍。

大学时期个人意识形态的塑造和发展至关重要，这一时期的自我认知程度对确保大学生在未来的职业生涯和个人生活中能够维持高质量的状态具有至关重要的作用。因此，应该重视对大学生自我意识发展和完善的研究，深入探讨并提供更多理论依据和实用方法，以促进大学生完善自我。

（一）当代大学生能够积极地自我接纳

自我接纳是指个体积极地认可和接受自己多方面特质——也就是生理自我、

心理自我和社会自我。现在的大学生基本上都能够对自我有着较为清晰的认知，从肯定自我的优点到勇敢面对自我的缺点，由此实现对自我的完全接纳。当代大学生大部分都有着较强的自信心和自我肯定感，但也有一小部分学生比较极端，他们可能会表现出自负、自尊心太强或者自卑等特征。

（二）当代大学生有较高的自我控制水平

当代大学生在自我控制方面展现出了很高的成熟度，他们表现出更强的自控能力，不再依赖外部督促，而是能够自觉地管理自己。有些大学生会主动对自我提出更高的要求，比如参加研究生考试，他们会主动为这一目标而努力，大学生经常利用业余和娱乐时间来准备研究生入学考试；也有部分学生会自发地参与体育锻炼，以此提升自己的身体素质。大学期间，学生们受益于多维度和全面的教育体系的优点，对自我职业生涯的规划、生活目标的树立等一些未来规划做到了心中有数。这个时期的大学生已经成长为一个有着自我意识的大人了，不再被动需要依靠父母、老师等长辈的规划了。

二、大学生自我意识发展的矛盾性

在心理学领域，埃里克森的自我意识发展理论——通常被称为"八阶段"理论，以及奥尔波特的三阶段理论，都提供了深入理解个体自我认识发展的框架。两者的观点都认为大学生的自我意识在大学期间是正在成长并逐渐成熟的一个过程，同时还会受到其他因素的干扰而产生矛盾和冲突，出现偏差。以下分别从三个维度，即自我认知、自我体验和自我控制，阐述了新媒体时代下大学生自我意识形成的过程。

在自我认知层面，当代大学生自我意识主要存在主观自我与客观自我的矛盾、自我中心和从众心理的矛盾。

第一，主观自我与客观自我的矛盾。因为大学生是在大学校园里接受高等教育的一类人群，所以他们是一个特殊的群体。他们特殊的地方在于，大学校园相对于社会而言，是一个比较封闭的地方，大学生在校园里接受教育，与实际生活的社会有着一定的隔阂，这就会使他们缺乏一定的社会经验，进而导致他们对一些事情的认知产生偏差，也会让他们感到心目中的"理想我"与现实中的"现实我"存在一定的差距。比如，大学生接受过高等教育之后，会产生一定的优越感，主观上会对自己有较高的评价，社会期望值也会比没上过大学的人高。但是，随着教育的普及，现代社会对大学生的评价和期望并没有之前高了，如此一来，大学生可能会在内心体验到一种不协调感，这种不协调感可能会引发他们主观自我与客观自我之间的矛盾和对抗。根据日本学者的深入研究，这种内在与外在的冲突在高中生、大学生和成年人等不同群体中均有所体现，但尤为显著的是在大学阶段，这意味着大学生在自我认知和他人对自己的认知之间存在较大的偏差，这可能与他们正在经历的身份认同和角色转变有关。

第二，自我中心和从众心理的矛盾。

当前的大学生群体特别注重彰显他们的个性特征，并热衷于个性化的自我表达方式。在面对问题的思考过程中，一些大学生表现出以自我为出发点的思维倾向，行为决策时也常将个人需求置于首位。在当前的大学生群体中，独生子女占据了相当大的比例，他们通常会受到特别的关心和照顾，因此很容易表现出以自我为中心的倾向，他们习惯从个人立场出发思考问题，缺乏对客观情况和人际关系的客观分析，常常忽视他人的感受，缺乏对他人的信任和好感，这样会使他们以自我为中心，在与同学交往中遇到困难，难以获得朋友的支持和解决问题的能力，也可能会面临比其他人更多的挑战。

在当代大学生中，从众心理可以被看作是一种消极的自我认知表现，与他们自我中心的态度形成了鲜明的对照。身处困境时，他们为了自我保护，有时候会选择放弃个人态度，而选择与大多数人保持一致。然而，过分强调群体认同，就显示了一种依赖性。大学生群体有时候倾向于跟随他人的决定，遇到问题或压力时倾向于选择逃避和回避。在现实生活中，有些人缺乏坚定的原则和独立思考能力，面对问题时常常无所适从，倾向于依赖他人或跟随大流，最终可能会迷失个人原本的意愿。

在自我体验层面，新时代大学生自我意识的核心冲突是自负与自卑。

自负可以被视为一种自我评价过高的情感状态，表现为过分自信。这种情绪体验是自信心态的极端形式。自信是建立在自我认同基础上的积极态度，对大学生的自我认知、自我评价以及自我管理都有着重要的影响。然而，过分自信就等于自以为是，会对大学生的自我意识建构形成消极的影响。当代大学生普遍展现出积极自信的心态，但仍有一部分人存在自负的心态。自视甚高的大学生，通常过于注重表面光鲜，骄傲自大，这导致他们对自己的评价失真，忽视了自我审视和反省的必要性，使他们在面对他人提出的建议和批评时，选择性地忽视或不予重视，只信任自我。在人际交往中，这种强迫别人接受自己的意愿的行为，还可能会导致同学之间关系紧张。缺乏清晰的自我认知的大学生常常不了解自己的真实情况，过分自信地追求自己心中的理想形象，因而往往无法成功，并会产生消极情绪，继而还会影响自我认知的成熟和完善。

自负心理的对立面是自卑心理。有自卑感的大学生会倾向于低估自己在各方面的能力，很难客观地评估和认识自己，缺乏自信，常常感到失望和悲观。他们总是专注于自己的缺点和不足之处，容易产生逃避和退缩的心态，无法勇敢地面对挑战。缺乏自信的大学生经常质疑自己的才能，不敢表现自己，对社交感到畏惧，特别是在与异性交往方面感到害羞，最终还会导致自我封闭。

在自我控制层面，当代大学生的自我意识主要存在以下几个方面的矛盾。

第一，独立意识与依附心理的矛盾。大学生的心理发展会自然而然地表现出独立思考和自主意识，这也是心理成长中内在的追求。大学生因其生理和心理方面的成长而渴望自立自强，渴望独立并自信地面对生活、学习和工作中的挑战，展现出较成熟的成人特质。他们通常展现出独立自主的态度，在与年长者交流的过程中，倾向于隐藏自己不成熟的一面，更愿意展现出独立自主的观点；研究事物，倾向于独立思考和行动，而非过度依赖老师或家长的指导与限制；在参与和组织活动时，他们更倾向于拥有自主决策的权利，对于过度的干预和控制表现出抵触。

大学生在追求独立性的同时，也表现出一定的依赖性。他们正处于身心发展的关键阶段，尽管逐渐趋于成熟，但受限于较为封闭的校园生活，他们在积累社会经验和提高问题解决能力方面可能存在不足。因此，在遭遇突发状况时，他们往往本能地寻求老师或家长的协助。尽管他们急切地希望实现独立，渴望摆脱各种限制，但现实中对他人的依赖仍然很显著。尤其在经济层面，多数大学生难以实现真正的独立，因此他们通常依赖家庭支持，这可能会导致心理独立和经济依赖之间的矛盾的产生。

第二，追求上进和自我消沉的矛盾。许多大学生都持有积极的进取心态，他们渴望通过个人努力,实现自己的梦想与抱负。然而,在追求进步的过程中,他们经常遭遇不同类型的困难,这可能引发他们的受挫感等消极情绪。这些情绪波动可能导致他们逐渐感到畏惧和不自信,从而退缩,渐渐迷失方向、消极懈怠、自我抱怨,沉湎于消极情绪。有些同学渴望在未来取得成功,然而当面临需要持续努力和实际行动的情境时,一些学生却表现出缺乏持久的决心和实际的执行力度,难以调整好自己的情绪以适应挑战,导致在追求进步与内心消极情绪之间形成了一种对立和矛盾。这种矛盾的心理状态可能会影响他们实现目标。

三、影响大学生自我意识发展的因素分析

(一)社会不良思潮的影响

当前社会生活的一系列变化,主要是受我国社会主义建设和经济发展的影响,在这种影响下,人们的思想也发生了变化。国际交流的加深促进了大学生视野的拓展、思想的独立,同时各种不同的思想也随着改革开放逐渐进入社会。此外,随着科技的进步,大众传播方式变得更加多样化和便利,也有一些不好的思想观点出现在大学校园内,这会影响到正在接受新事物、新思想的当代大学生的身心健康,因为大学生本身的识别抵抗力就比较弱,更容易被带偏,这就会使大学生陷入茫然无措的状态。

(二)学校教育的缺失

学校,作为大学生学习和生活的核心场所,无疑在他们的心理成长过程中扮演着举足轻重的角色。学校在开展素质教育方面采取了多样化的方法,对学生的全面发展也日益重视。然而,高校在加强相关教育,以培养大学生的心理素质和自我意识的方面还有很大的进步空间。

第一,当前高校在心理健康课程的设计方面缺乏独特性和吸引力,内容单一且缺乏趣味性,这种现象普遍存在于多数高校,它们往往仅提供一门名为"大学生心理健康"的通识课程,这在一定程度上让学生丧失了对心理健康深入理解和探索的机会。其主要作用是进行知识普及,但在促进大学生培养健康心理素质、建立积极自我意识、解决心理困惑和矛盾方面,效果并不十分显著。

第二,学校中的心理咨询服务尚有进一步优化的潜力。心理咨询被视作思想

教育中不可或缺的一环，更是促进大学生心理健康教育取得实效的重要策略之一。虽然高校都设有心理咨询室，以帮助学生解决心理问题并提供支持，但由于学校政策和资源的限制，很多学校的心理咨询室条件有限，设施不够完善，影响了心理咨询的有效性。

第三，心理实践活动匮乏，当前大学生所处的心理健康环境氛围显得较为薄弱。一项针对广大大学生的调查显示，他们鲜少有机会参与由学校或学生社团组织的心理健康活动，而实践教学是提升学生体验、增强自我意识、培养积极自我认知的有效途径。受限于学时紧张、重视程度不足以及机制不健全等多重因素，高校在心理实践领域的推进仍显不足，未能充分发挥其作为第二课堂的重要价值。

（三）家庭教养方式的偏颇

一个人一生的发展轨迹，往往深受其父母家庭教育方法的持续和深远的影响。良好的家庭教育会促使个人在生理发育过程中持续发展和增强自我意识。个人成长受到家庭经济状况、父母文化背景和家庭环境等因素的重要影响。

许多大学生在成长过程中受到家庭的过度呵护，这种过度呵护会导致父母试图使孩子避免挑战和失败，试图为他们消除一切障碍，但最终可能使孩子失去自主发展的机会，导致他们形成"自我中心"或"迷失自我"的不良倾向。这些大学生自视过高，缺乏客观自我认知，总是把自己放在最重要的位置。这类大学生在日常生活中常常面临主观与客观观点的冲突，更容易感到沮丧，并有可能陷入自我否定的情绪中，产生一些极端的想法。

在目前的教育模式中，家长通常会过分专注于孩子的智力培养，而忽略了对孩子心理健康和个性特质的教育。他们往往只关心孩子的学业成绩，而不够重视孩子的幸福感、社交能力和综合发展。孩子在面临情感挑战时，若缺少了适时的援助和引导，可能会形成负面的自我认知和自我感受，这种不良状态削弱了他们的自我调节能力，进而阻碍了他们自我意识的积极成长。此外，一些父母过度期望他们的孩子能够成功，这会给孩子带来沉重的压力。当孩子无法达到父母期望的时候，他们的自我价值感就会受到影响。

（四）网络世界的迷失

随着科技的飞速发展，网络已经演变成人们日常生活中不可或缺的重要工具，其普及和应用为大学生提供了广阔的学习和生活平台，成为他们获取信息、交流思想、拓展视野的重要渠道。这个平台能够使人们在了解社会新闻、与人进行交流沟通时更加便捷顺畅。特别要注意的是，网络在产生积极影响的同时，也有负面影响。

第一，网络具有自由、平等的特点，这就使在网络上发布信息的用户具有很强的随意性。同时网络上存在的一些享乐主义等消极信息，也会在一定程度上影响大学生，消极信息导致他们价值观方面的混乱和困扰，从而可能影响他们的核心价值观，让他们产生自我认知上的错误。

第二，网络虚拟性的特点使大学生过度沉迷。网络的虚拟性可以隐藏大学生在现实生活中的缺点和不足，所以有一些大学生更愿意在网络上和人交流，这可以减少大学生的自卑情绪；还有一些大学生在网络上进行交流，是因为网络给了他们发泄自己在现实生活中遇到的挫折和不满情绪的场所，因此他们会在网络上通过发帖等形式使用过激的语言来表达自己的不满和无奈；还有一种情况是，大学生在现实中找不到合适的倾诉对象，就会转而在网上进行求助；再有就是一部分大学生沉迷于网络游戏，因为他们在玩网络游戏时获得的成功会使他们的自尊心和自信心得到满足。从以上几种情况可以看出，导致大学生依赖网络的原因有很多，总结起来就是他们在现实生活中需求难以得到满足，所以就会沉迷于虚拟的网络世界。这最终会导致大学生逐渐脱离现实生活，与现实中的人们产生隔阂，形成冷漠、抑郁的状态，从而出现不好的自我意识。

第三，鉴于网络的匿名属性，其在某种程度上削弱了现实社会中法律与道德规范的权威，这可能对大学生的道德观念和责任感造成影响，由此降低他们自我控制的能力。

（五）自我发展的偏差

1. 自我期望过高或过低

个体的自我期望与自我形象构建之间存在着密切的联系。大学生在塑造自我形象时，他们的期望水平发挥着关键作用，并会影响他们对自身形象塑造的信心。当他们为自己设定的目标过于理想化时，可能会在实现这些目标的过程中遇到重重障碍，这不仅会削弱他们的信心，甚至可能会让他们产生绝望情绪。另一方面，大学生对自身的期望过低，可能会造成他们自我评价过高。当前普遍存在的现象是,许多大学生对自身的认知,即他们所期待的"理想自我",往往低于他们真实的"现实自我"。这种自我评价的膨胀可能会导致他们过度自信,甚至导致自负和骄傲。因此,无论是设定的目标过高还是过低,大学生都可能会陷入"理想自我"与"实际自我"之间的冲突与矛盾,进而阻碍其自我认知的健康发展。

2. 自我评价能力较弱

大学生的自我评价是否客观合理,对其身心健康的全面发展具有深远影响。精准且客观的自我评价能够促进他们积极心态的塑造,推动个人意识和心理健康的正向发展。反之,若自我评价片面且不理性,则可能引发大学生负面的自我感受产生,进一步导致他们产生诸如自大、自卑等极端心理问题。在现实生活中,大部分大学生缺乏主动进行自我评估的能力和准确进行自我评估的意识,因此普遍存在自我评估能力不足的情况。大学生在自我评价方面的能力有所局限,这不仅限制了他们对自己进行客观评估的能力,而且在很大程度上阻碍了其自我意识的进一步发展和完善。

3. 不正确的归因方式

归因方式是个体对行为原因的一种认知性分析,它涉及个体如何利用个人感受、经历和信息来评估自身或他人的行为。在大学生这一特定群体中,归因的倾向性在心理层面上会产生多种不同的影响。一些大学生在遇到挑战时,可能会倾向于将失败归咎于个人内在的因素,而忽略了外部环境可能的作用,这种归因模式常常导致他们低估自我价值,从而触发一系列负面的情绪反应,包括自信心的削弱、勇气的缺失、焦虑的加剧以及逃避现实的倾向。这些心理状态不仅可能加剧大学生的自卑感,还可能阻碍他们接纳和认识真实的自我。

4. 不恰当的相互比较

在大学生中,普遍存在一种将自己与他人进行比较的现象。他们常常感觉自己在外貌、吸引力、社交技巧或家庭背景等方面不如同学和朋友。这种持续的比较往往导致他们的自信心逐渐消磨,进而滋生出自卑感,影响他们的心理健康和自我认知。实际上,在大学阶段,个体的自我认知发展处于关键阶段,对所述问题的反应尤为敏感。当代大学生通常具有竞争心理,渴望超越他人,这可能导致不恰当的攀比。然而,由于个体之间的独特性和差异性,若盲目地将自己的不足与他人的优点进行对比，而忽视了自身的长处，可能会夸大个人的缺点。这可能导致认知扭曲，阻碍自我意识的健康发展。

四、新媒体视域下完善大学生自我意识的对策

教育工作者已经在大学生自我意识的发展和完善上进行了深入的研究。然而，从实践层面来看，当前对于大学生自我意识培养的努力仍有待加强，尚存在诸多不足之处。目前的研究状况呈现出理论研究相对丰富，但实证研究相对匮乏的特点，同时研究内容在深度和细化方面仍有待加强。定性研究占比较大，而定量研究则相对较少，这在一定程度上影响了研究的全面性和准确性。因此，我们有必要对现有的研究进行改进和提升，以便更好地促进大学生自我意识的健康发展。

（一）家庭教育是完善大学生自我意识的基础

家庭作为个体成长的基石，其教育作用在个体的身心发展中占据着举足轻重的地位。家庭的经济基础、教育资源的丰富性、父母的教育理念与教养策略，以及家庭成员间的情感互动与心理氛围等因素都对个体的心理成长，尤其是自我意识的塑造和演化，有着不可忽视的持续性影响。尽管大学生因为求学的缘故，离开家庭，与家长面对面交流的机会减少，但家庭教育仍在其自我意识发展中扮演着不可或缺的角色。

1. 建立多样化的网络沟通渠道

在社会与科技的持续发展中，人际间的沟通方式日益多元化与便捷。手机的广泛普及和网络技术的迅猛发展，极大地缩短了人与人之间的距离，使沟通变得更为迅速与高效。电话作为通信工具，能够迅速解决问题，而短信或邮件则适用于表达内心的想法与感受。

对于大学生而言，尽管他们因学业或生活等原因不能时常陪伴在父母身边，但其心理依赖性仍然较强。当个体在生活中面临挫折、感到沮丧或自信不足时，他们常常会寻求父母的理解、慰藉与鼓励。那些倾向于与家长保持积极联系的学生，往往能够更快地获得所需的帮助，从而更有效地应对和解决问题。然而，也有部分学生出于各种原因，选择通过其他渠道如朋友、老师等寻求支持与帮助，

但这种方式的效果可能并不总尽如人意,因为学生家长更了解自己的子女。家长需要与大学生建立并保持一种有效且开放的沟通关系。通过这种紧密的联系,家长能够及时了解学生的生活状态和心理需求,以便在学生遇到心理问题时能够及时介入、疏导,帮助他们完善自我意识,促进他们健康成长。

寒暑假期间,对大学生家长而言,是观察子女变化的关键时刻。在此期间,通过面对面的深入交流,家长能够更为全面且细致地了解子女在学校的实际情况与成长变化。家长应细心观察,发现子女身上可能存在的细微变化,并针对其中不妥之处,以平和的态度加以引导,帮助其及时纠正。

为增进家校之间的有效沟通,高校应建立健全与家庭之间的联络机制。例如,通过建立微信群、QQ群等线上沟通平台,及时向家长反馈学生在校的学习与生活情况,特别是在发生对学生心理可能产生较大影响的事件时,如竞选学生会职位失利、学业挂科等,高校更应主动与家长取得联系,共同化解学生的消极情绪,促进学生健康成长。

2. 完善家长的教育理念

家长科学的教养方式不仅有助于大学生形成积极的自我意识,更能为他们的全面发展及健康成长奠定坚实的基础。因此,家长们应不断更新教育理念,采用科学有效的教养方式,为子女的未来成长保驾护航。当前众多家长对健康的理解仍局限于生理健康的维度。然而,健康是一个包含多方面的综合概念,它同样涵盖了心理的健康状态以及个体在社会中的适应能力。对即将踏入社会大门的大学生而言,平衡发展身体健康、心理健康和社会适应能力三个维度是成功立足社会的重要条件。

近些年,大学生群体心理问题逐渐凸显,成为影响大学生健康发展的重要因素。因此,家长们的教育理念也需要与时俱进,不仅要关注子女的身体健康,更要重视他们的心理健康。

家长们可以从以下几个方面着手:第一,重视对大学生综合素质的培育,尤其要关注其心理承受力和社交协调技能的提升;第二,家长应营造和谐、民主的家庭氛围,以包容的心态应对家庭矛盾,为子女提供一个健康的成长环境;第三,家长应避免过度控制子女,给予他们足够的个人成长空间,让他们能够自主地探索和发展自己的潜能。

3.提升家长的心理素养

家庭教育在大学生成长成才的过程中扮演着举足轻重的角色，其影响方式独具特色，与其他教育方式截然不同。家庭教育主要是通过家庭成员间的互动交流，以潜移默化的方式相互浸染，从而对人的成长产生深远的影响。这种教育方式在大学生阶段显得尤为重要，因为它能够帮助大学生建立起健康的人生观、价值观和世界观，为他们的未来发展奠定坚实的基础。

在大学教育阶段，家长与成年子女间的沟通往往面临时间和空间的限制。家庭教育质量的重要性愈发凸显。在这一阶段，家长需要充分了解和储备心理方面的知识，以便在交流过程中能够有针对性地协助大学生解决心理问题，从而促进他们自我意识的持续发展。

提升家庭教育的品质是家长们的共同追求，为此，他们可以利用多种资源来增进对心理学的理解。首先，家长们可以挑选专业书籍进行深入阅读，借助这些书籍的丰富内容来系统掌握心理知识，了解大学生可能面临的心理问题和挑战，掌握相应的应对策略。其次，家长可以参加心理知识学习班或培训课程，接受专业的指导和培训，提升自己的心理素质和家庭教育能力。此外，家长还可以积极参与社会、社区举办的心理实践活动，通过亲身参与和体验，提高理论联系实际的能力，为更好地引导大学生成长提供有力支持。通过家庭教育潜移默化的影响，大学生可以逐步建立起积极向上的人生态度，形成正确的价值观念，并在面对困难和挑战时具备足够的心理素质。同时，家长与大学生之间的有效沟通也有助于增进亲子关系，增强家庭凝聚力，为大学生的全面发展创造有利条件。

4.发挥榜样的示范作用

榜样的力量具有深远的影响。在为人处世的过程中，家长作为孩子的第一任老师，其言行举止无疑会对子女的成长产生深远的影响。因此，家长应当时刻保持高度的警觉，审视自身的思想观念和行为方式，确保能够以身作则，为子女树立良好的典范。通过这种方式，家长可以在潜移默化中向子女传递积极、乐观的生活态度，帮助他们形成健康向上的人格特质。一个具有高尚品德和良好行为的家长，能够成为子女心中的楷模，让他们学会尊重他人、关爱他人、诚实守信等基本道德规范。家长在与人交往时，应展现出真诚、友善的态度，注重沟通和合作，让子女在观察中学会如何妥善处理人际关系。当家长在事业上取得成就时，应保持谦虚谨慎的态度，不骄傲自满；当遇到挫折和失败时，应勇敢面对，积极寻求解决问题的方法。这样的态度会传递给子女，让他们明白成功并非偶然，而是需要付出努力和汗水；而失败也并非可怕，关键在于如何从中吸取教训，不断提高自己。

（二）学校教育是完善大学生自我意识的核心

学校教育是一种经过精心规划、组织严密且具备高度系统性的社会活动，承载着推动人类文明进步、促进社会和谐发展的重要使命。从知识技能到情感态度，从个体成长到社会融入，无不体现出其深远的影响力。特别是大学阶段更是成为个体生命中不可或缺的关键教育阶段，为青年学子们铺设了通向未来的坚实基石。通过自我认知、自我评价、自我调整等过程，学生们逐渐认识到自己的优点和不足，明确了个人发展的方向和目标。在这个过程中，他们不仅提升了自我意识水平，更学会了如何与他人相处、如何融入社会，为未来的社会生活做好了充分的准备。

1. 重视校园文化建设

人类通过自身的努力创造环境，同时环境也在潜移默化中影响着人的性格和品质的形成。环境对于人的成长发展具有深远的影响，这一点从"孟母三迁"的故事中便可见一斑。优良的环境条件能够为个体的茁壮成长提供有力的支持。对于学校而言，营造一个良好的校园环境至关重要。学校应当致力于营造一种既有整洁有序的硬环境，又有富含文化底蕴的软环境的教学环境。学校需积极推进校园文化建设，深入弘扬文化精神，不断提升校园文化的层次和内涵，以进一步增强校园的育人效果。

学校还应注重校园环境的合理设计和规划，结合富有吸引力的建筑美学与精致的绿化景观，共同塑造出一个既美观又舒适的校园环境。这样的环境不仅令人感到心情愉悦，还能有效提升学生的情绪状态，激发他们的积极性和创造力，从而促进他们的全面发展。

从细微之处着手，我们应当重视每一个细微之处，努力构建一种充满活力、激励人心的文化环境。我们在校园显眼之处精心布置了一系列激励人心的格言警句，这些箴言如明灯指引，催人前行。同时，在校友走廊陈列杰出校友的成就和事迹，以期激励学子们不断追求卓越；利用宣传栏或广告板等平台，讲述富有启发性的心理故事，以期在潜移默化中引导学生形成积极向上的心态。

2. 开设特色心理课程

在新媒体环境下，可以充分利用各类在线资源，如心理健康知识平台、数字化教材和教育应用程序，这些资源为大学生提供丰富多样的学习资料和工具。这些资源可以通过网络课程、在线讲座、博客文章等形式进行传播，以便大学生能够随时随地获取相关知识和技能。同时，可以借助在线论坛、社交媒体等协作平台，促进学生之间的互动交流和合作学习。

目前，大部分高校均将"大学生心理健康"设置为必修的校级选修课程，课程内容广泛而全面。然而，受限于有限的课时安排，该课程的讲解往往难以深入详尽。鉴于大学生群体对心理知识的需求呈现出多样化的特点，仅依赖这门课程难以达到有效自我调节和教育的目的。此外，部分学生对于心理问题存在误区，这导致他们对使用学校提供的心理咨询中心服务望而却步。即便有学生选择自行查阅相关资料，也会因为缺乏专业性的判断能力，很难将理论知识与个人实际问题结合。这种困难不仅会影响学生对知识的深入理解，也可能加剧他们的情绪问题，若无法得到及时的疏导和干预，进而对其自我评价和整体体验产生负面影响。

为了解决大学生自我意识发展所面临的挑战，高校应当从课堂教育与实践活动两个方面综合施策。

在课堂教育方面，高校应当针对"00后"大学生的特点，开展一系列具有特色的心理学课程，内容覆盖个性心理学、成就心理学、情感心理学、认知心理学、性别心理学等多个领域。学生可以根据自己的兴趣和需求，自主选择相关课程，通过系统深入的学习，提高自我认知和自我教育的能力，从而进一步完善自身的心理自我意识。

除了引入特色心理课程，高校还应将重心放在教学理念的革新与优化上。特色心理课程不仅是为了传授知识，更应以学生为中心，强调学生的主体性和参与性，致力于培养学生全面的心理素质。因此，在教学过程中，教师应将心理训练与体验活动融入课堂，通过引导学生积极参与，使他们能够在实践中深入认识自我，完善自我。通过特色心理课程的实施，高校可以有效地促进大学生自我意识的发展。学生在参与课堂学习和心理训练的过程中，能够逐渐认识到自己的优点和不足，明确自我定位和发展方向，这将有助于他们树立自信心，提高自我调控能力，为未来的成长和发展奠定坚实的基础。

除了课堂教学之外，高校还应深入挖掘心理实践活动的潜力。心理实践活动是大学生自我体验的重要途径，通过亲身经历的对比与分析，学生可以更直观地认识到自己的成长变化。因此，高校可以组织一些心理实践项目，如心理剧表演、心理讲座、心理志愿服务等，让学生在实践中深化自我体验，提升心理素质。

3. 优化心理咨询工作

心理咨询作为高校心理健康教育体系的重要组成部分，其专业的方法和手段在疏导大学生心理压力、缓解不良情绪以及干预心理危机等方面发挥着不可或缺的作用。通过心理咨询，不仅能够有效促进大学生身心健康水平的提升，还有助于提高他们适应社会环境变化的能力，进而塑造健康的心理品质和健全的人格特质。高校心理咨询服务在塑造大学生健全的世界观、人生观和价值观方面发挥着至关重要的作用，为培养未来社会的中坚力量筑牢了坚实基础。高等教育机构必须将心理咨询服务作为其教育体系中的重要组成部分，给予足够的关注和投入，持续优化其运行机制，以充分发挥其独特的育人功能，为大学生的全面发展提供有力保障。

在优化心理咨询工作方面，我们需从多个层面进行系统性考虑与实施。首先，在心理咨询室的建设上，应选址于环境静谧的地点，以有效消除学生的戒备心理，为他们营造一个轻松、安全的交流氛围。其次，在内部环境的打造上，我们应追求温暖舒适的视觉效果。墙壁色彩应以暖色调为主，营造出温馨、宁静的氛围；装饰品的选择应简洁大方，避免过于烦琐或刺眼的设计；办公用品应保持干净利落，确保咨询室的整洁与专业。再次，我们还需合理规划咨询室的功能区域划分，这包括设置日常办公区、面谈室、器械室等不同功能区，以满足心理咨询工作的多元化需求。同时，我们应配备先进的硬件设施，以确保咨询工作的顺利进行。最后，我们必须高度重视专业心理咨询人员的素质与能力。他们应具备扎实的理论基础和丰富的实践经验，能够为学生提供专业、有效的心理咨询服务。通过不断提升他们的专业水平，可以赢得学生的信任和认可，进而更好地发挥心理咨询在促进大学生心理健康发展方面的积极作用。

高校心理咨询工作是现代高等教育体系中的重要组成部分，对于促进大学生身心健康、提高他们的综合素质具有不可替代的作用。其中，个别心理咨询与团体心理咨询作为两种核心方式，各自发挥着独特的作用，共同为大学生的心理健康保驾护航。个别心理咨询，顾名思义，是针对大学生个体的个性化问题进行的一对一辅导。在个别心理咨询中，心理咨询师通过深入了解学生的个人背景、性格特点、家庭环境等因素，结合其面临的具体问题，提供针对性的建议和解决方案。这种咨询方式具有高度的针对性和实效性，能够有效解决学生在学业、情感、人际交往等方面的心理问题，帮助他们走出困境，重拾信心。随着心理咨询工作的深入发展，团体咨询的优势也逐渐凸显出来。团体咨询以集体形式进行，通过组织具有一定共同特点或面临相似问题的学生，开展有针对性的团体活动，以达到共同解决问题、提升心理素质的目的。

高校可根据不同群体及问题设计多样化的团体咨询活动。针对新生群体，可以组织以"适应新生活"为主题的团体咨询活动，帮助他们尽快融入校园、适应大学生活。对于即将毕业的学生，则可以组织以"职业生涯规划、探索合适工作方式"为主题的团体咨询活动，帮助他们明确职业方向，为未来的人生规划做好准备。对于希望改善人际关系的学生，可以开展以"人际交往技巧学习"为主题的团体咨询活动，通过角色扮演、互动游戏等方式，提高他们的人际交往能力。针对有学业困扰或考前焦虑的学生，可以提供以"提升学习效率、缓解考试压力"为主题的团体咨询活动，帮助他们掌握有效的学习方法，减轻心理压力。

在团体咨询活动中，大学生们通过持续观察、交流及反思，不断完善自我认知，修正自身不足。他们可以在团体中找到共鸣和支持，共同面对挑战，共同成长。通过参与团体咨询活动，大学生们还可以学习如何与他人合作、如何倾听和表达自己的想法和情感，从而提高他们的社会适应能力和人际交往能力。

4.扩大心理教育队伍

目前，我国高校在心理咨询人员方面存在数量不足的问题，构建一支完全由具备心理教育资格的专业人员组成的队伍面临诸多挑战。然而，值得欣慰的是，每所高校都配备了一支完整的思想教育队伍。为了充分利用这一资源，我们应通过系统培训，使这支队伍在履行思想教育职责的同时，能够进一步发挥心理教育的功能，从而助力学生塑造健康的人格。

高校辅导员作为大学生日常生活中的重要陪伴者，对每位学生的情况有着深入的了解。因此，对辅导员进行心理教育培训具有极高的现实意义。通过培训，辅导员将能够更有针对性地帮助学生解决心理问题，引导他们消除不良心理情绪，从而获得更为积极的情感体验。这一举措对于促进学生健康成长、构建和谐校园具有积极的推动作用。

（三）自我教育是完善大学生自我意识的关键

在大学生自我意识的发展过程中，常常会遭遇各类偏差，这些偏差不利于大学生自我意识的统一与完善。因此，在引导大学生自我意识发展的过程中，家庭教育作为塑造个体价值观和行为习惯的基石，其重要性不容忽视。学校教育则在其中扮演着核心角色，对学生的知识和能力发展起着决定性的作用。

为了推动大学生自我意识的完善与发展，大学生们应从以下几个方面着手努力：

1. 正确认识自我

自我认知是构成自我意识的核心要素，它既是个体自我感受的先决条件，也是自我管理的基石。大学生可以采纳以下四种切实有效的途径，从而达成对自我的全面理解和认知。

第一，大学生可以通过自我反省来深化对自身的认知。具体而言，他们应当积极采取自我反思与自我观察的方式，以提升对自我内在世界和外在表现的理解。在学习、工作以及人际交往等多个维度上，大学生都应当保持对自身行为的敏锐观察与深入思考。他们应当定期回顾发生在自己身上的各类事件，进行深入的自我剖析与自我检查。通过这一过程，他们可以明确自己在不同方面所展现出的优点和不足，进而对自身的表现进行客观评估。在此基础上，大学生应当善于总结经验教训，形成对自我全面而准确的认知，以便在未来的成长和发展中更好地发挥自身优势，改进自身不足。

第二，在认识自我的过程中，大学生常常受限于自身的经验和阅历，导致自我认知的深度和广度均显不足，难以精准地识别自身的优势与劣势，以及潜在的不足。因此，大学生应该掌握如何通过他人的反馈来优化和加深对自己的认识，包括认真倾听他人对自己的评价，理解他人对自己的期望，并从中获得自我提升的机会。多项研究已证实，师长、朋友等身边人的评价对于个体自我认知的深化与完善具有不可忽视的积极影响。在接纳他人评价的过程中，大学生应保持理性与审慎，既要认真考虑，又要谨慎甄别。对于他人的评价，既不能盲目接受，也不能一概否定，而应当结合自身的实际情况进行客观分析。大学生不应过分依赖他人的评价，而应保持独立思考和判断的能力，以形成更加全面、准确的自我认知。

第三，通过与他人进行对照，大学生能够更深刻地认识自我。在深入剖析自我与身边优秀人才的过程中，大学生能够敏锐地发现自身的不足，进而催生出更加积极的进取意志，驱动自己不断进步，注意提升自我；而通过与身边表现稍显逊色者的对比，大学生则能够更清晰地认识到自身的优势与长处，从而增强自信心，并对自我价值进行积极的确认与肯定。尽管这种对比结果在一定程度上不可避免地受到主观因素的影响，然而，它依然不失为大学生认识自我、提升自我的一种相对有效的手段。

第四，通过实践活动取得的成果，大学生能够深刻认识自身的能力与价值。这些成果不仅是对大学生自我价值的有力证明，更有助于提升他们的自信心，进而让他们形成对自身正确的认识。

大学生应秉持严谨、稳重的态度，全面而理性地评价自我。他们应树立正确的自我评价观念，结合自身的特点和实际情况，对自我进行客观的分析和评判。在看待自己的优缺点时，应保持平和的心态，既不炫耀自己的优点，也不忌讳自己的缺点。面对成功与失败，他们展现出积极乐观的精神风貌，不因一次的失败而灰心丧气，也不因一时的成功而骄傲自满。通过客观的自我评价，大学生应努力缩小理想与现实之间的差距，不断完善自我意识，以便更好地适应社会的发展和个人的成长。

2. 积极接纳自我

自我接纳是大学生自我意识成熟的核心环节，更是其向成熟迈进、实现自我价值的关键所在。这要求大学生在客观审视与评价自身后，以积极、正面的态度坦然接受真实的自我，并将其积极展现在他人面前，建立起自信，促进个人成长和发展。

金无足赤，人无完人。每个人都有自己的长处和短处，大学生也不例外。然而，对于大学生来说，接纳自我并非易事。他们常常因为对自己要求过高，或者受到外界评价的影响，而难以坦然面对自己的不完美。因此，大学生应以积极肯定的态度全面接纳自我，既要欣赏自身的长处，也要包容自身的短板。在接纳自我的过程中，大学生应学会客观评价自己。他们应该深入了解自己的性格、能力、兴趣等方面的特点，并据此制订适合自己的发展计划。同时，他们还应学会倾听内心的声音，了解自己的真实需求和愿望，从而更好地规划自己的人生道路。大学生还应以发展的眼光审视自我。他们应该明白，人的成长是一个不断发展、不断完善的过程。他们需要主动促进自己的身心健康，朝着正面和健康的方向努力，持续地培育自信、独立、坚强和自我驱动的心理特质，从而塑造积极的自我认知。

3. 有效调节与控制自我

新媒体环境下的心理健康教育新模式对培养大学生的积极心态具有重要意义。大学生面临的压力和挑战日益增加，他们需要学会应对困难、管理情绪、建立健康的人际关系等。新媒体环境提供了广泛的资源和平台，通过新模式可以向大学生传递正面的心理价值观，帮助他们树立自信，积极应对压力，并培养良好的心理适应能力。自我调节是增强大学生自我意识的关键手段，其核心在于学生应采取一种主动和正面的姿态，对自身进行约束与调整。这一过程涵盖了心理品质的塑造、行为方式的优化以及思想理念的更新等多个方面。通过持续的自我改变与提升，大学生能够不断完善自身的"现实我"，使其逐步趋近于心目中的"理想我"。具体而言，大学生可以从以下几个方面着手进行自我控制。

第一，合理定位"理想我"，对于大学生的成长与发展具有极其重要的意义。大学生应当根据自身条件，确立切实可行的奋斗目标，以此作为个人发展的基石。过高的目标设定可能会引发消极情绪，影响个人动力与积极性；而过低的目标则难以充分展现大学生的潜力，无法充分体现其人生价值。因此，合理定位"理想我"是大学生在成长过程中需要重点关注和努力的方向。

第二，塑造大学生坚韧不拔的意志品质。大学生应当确立一个既符合自身实际又具有挑战性的"理想我"，并持之以恒地朝着这一目标努力奋进。在追求理想自我的过程中，难免会遇到形形色色的干扰与诱惑，这就要求大学生必须具备坚定的意志品质，以抵御各种不良因素的侵蚀。他们应当具备强大的自制力，能够抵御诱惑、控制行为，并克服各种不良习惯。只有如此，他们才能在追求理想的道路上始终保持坚韧不拔的精神，最终获得成功。为了培养大学生的意志品质，可以通过多种途径进行实践锻炼。例如，可以组织体育竞赛、野外生存训练等实践活动，让大学生在挑战自我、超越自我的过程中锻炼意志力；也可以借助优秀榜样的力量，激发大学生的意志，激励他们不断向前。参加团体训练活动也是培养自制力的有效途径，有助于大学生提高自我控制能力。

大学生应当积极锤炼自身意志力，以便克服不良品性与习惯，进一步完善自身的意志品质。在追求目标的过程中，面对各种挑战与困难，大学生需以坚定的决心与毅力，有效应对并克服，从而不断缩小"理想我"与"现实我"之间的差距，逐步实现自我价值的增长和自身的全面进步。

（四）社会教育是完善大学生自我意识的保障

社会教育在社会层面上扮演着关键角色，旨在推动个体的全面发展和身心健康。尽管目前社会教育主要作为辅助的角色存在，但其重要性不容忽视。

1. 发挥主流意识形态的引导作用

当前，中国正处在社会转型的重要时期，市场经济的快速增长带来了功利主义等多样化的思想观念，这些思想在一定程度上已悄然渗透至当代大学生的认知结构中。为了确保社会主义和谐社会的健康发展，我们亟须加强对主流意识形态的弘扬与传播，从而营造更为积极的社会氛围，有效发挥其对社会发展的积极引导作用。第一，我们必须坚定不移地以理想信念教育为工作核心，通过深入细致的教育工作，引导大学生们树立正确的世界观、人生观和价值观。第二，我们应把爱国主义教育作为工作的重中之重，通过丰富多样的教育活动，激发大学生们的爱国热情，培养他们深厚的民族精神。第三，我们还应以基本道德规范为基础，通过加强道德教育，引导大学生们自觉遵守社会公德，培养良好的个人品德，进一步增强他们的公民道德意识和提高他们的道德水平。第四，将促进大学生的全面发展视为教育工作的核心宗旨，我们应通过强化素质教育的实施，促进大学生们在知识、能力、素质等各方面的全面提升，实现他们的和谐发展与健康成长。

2. 发挥大众传媒的引领作用

现在，随着大众传媒的迅猛发展，电视、报纸、网络等媒介各自扮演着不同的角色，在信息传播方面发挥着重要作用。其中，网络作为新兴媒介，以其广泛的信息传播范围和便捷的获取手段深受大学生的青睐。然而，网络内容的审核机制相对薄弱，这也导致了诸多问题的出现。网络上充斥着关于"富二代""高富帅""白富美"等各类消息，这些消息往往更多地受到推崇而非批判，极易对大学生的自我认知和自我体验产生误导，引发其价值观的扭曲。因此，政府应加大对网络媒体的监管力度，强化内容审核机制，以净化媒体环境，确保主流媒体能够充分发挥其引领作用。

为充分发挥大众传媒在引领大学生成长方面的积极作用，我们需从以下几个方面加以推进：第一，应强化对主流意识形态的深入宣传，引导大学生树立正确的价值观念，确立积极向上的追求与目标，从而为其全面发展奠定坚实的思想基础。第二，需加强心理健康方面的宣传教育工作，提升大学生的心理素质，使其从思想上重视自我成长与发展，在行动上具备应对各种挑战的能力与智慧。第三，应通过举办一系列有益于大学生自我意识提升的活动，并利用媒体平台的正面宣传效应，引导大学生形成健康、积极的自我认知，充分发挥媒体在引领大学生成长方面的积极作用。

3. 发挥社会舆论的教育作用

社会舆论是公众对特定事件或现象的广泛议论与深入评价，具有不可忽视的社会影响力。我们应当积极借助新媒体网络平台，运用社会舆论的力量，促进中华民族优秀传统的传承与弘扬。推广社会主义核心价值观，以倡导健康、积极、向上的社会风尚。此外，为了促进大学生的人格健全和自我意识的深化，我们还需对不道德行为作公正、明确的评判，为大学生的品格塑造和他们自我认知的发展提供明确的评判准则。通过这些举措，我们能够营造积极健康的社会氛围，促进大学生的全面发展。

4. 发挥社会文化的辐射作用

社会文化特别是在流行文化领域，包括电影、电视节目、娱乐刊物、音乐创作以及在线文学作品等，对大学生群体的思想观念产生了深远且显著的塑造效果。大学生们往往以书籍和影视剧中的人物为标杆，对其思考方式、行为模式以及价值观表示高度的认同。因此，我们必须充分认识到社会文化在教育中的重要角色，并努力营造一个与社会主义核心价值观相协调、积极进取的文化氛围，在这种文化氛围的滋养下，我们能够逐渐地影响大学生，激励他们追求崇高的道德标准，有效地引导大学生追求崇高的道德品质和健全的人格发展，进一步促进他们的自我意识健康、有序和全面成长。

第二节 新媒体视域下大学生的情绪管理研究

一、健康情绪的标准

健康的情绪是健全人格的必要条件之一。一般而言，一个人有恰当的情绪目标，反应适度，有良好的情绪自我控制能力，符合社会要求，就具备了健康情绪。美国哈佛大学心理学家丹尼尔·戈尔曼认为一个情绪健康的人应该具有以下几种能力：

第一，自我觉察能力。能够觉察、认识并承认自己出现了某种情绪，即使有情绪上的麻烦，也不推脱。自我觉察是情绪智商的核心。缺乏对自身真实情感的认识，往往会受到情绪的左右；而对个人情绪有更深刻的理解和掌控，则是明智决策和清晰人生规划的关键。

第二，情绪控制能力。情绪管理必须建立在自我觉察的基础上。当个体觉察到内心的不安、恐惧或焦虑情绪时，个体应展现出对情绪的掌控力，通过自我安抚、运动等方式实现情绪的合理调节与释放，确保情绪在适当的时机、场合得以恰当方式表达。具有高情感调节能力的人能够迅速从生活的挫折和失败中恢复过来，重新振作，积极面对挑战。

第三，自我激励能力。在追求卓越的道路上，无论是集中注意力、发挥创造力还是完成某项任务，情绪聚焦于特定目标显得至关紧要。任何领域内的成功，都离不开情绪的自我调控，包括学会延迟满足、有效控制冲动以及对全局思维的把握。为了确保取得卓越且出类拔萃的成就，大学生不仅需要具备自我激励的能力，还需要持续保持高昂的热情和全身心的投入。

第四，同理心是一种认知他人的能力，是在情感的自我知觉基础上逐步形成的。具备这种能力的人，能够凭借敏锐的观察力，捕捉到他人细微的情感信号，从而精准地把握其需求与期望。他们不仅能够站在他人的角度思考问题，设身处地地理解对方的处境和感受，同时也能够保持客观冷静的态度，对他人的情感进行理性的分析和解读。这种同理心的展现，既体现了个人情感智慧的高度，也彰显了人际交往中的成熟与稳重。

第五，人际关系管理的能力。领导和影响他人的能力，即管理他人情绪的艺术。个体的社会认可度、领导力的权威性以及人际交流的效率，都与其掌握情绪调节能力密切相关。那些精通这项技能的人在社会中往往能够脱颖而出，成为各自领域的杰出人物。

二、大学生常见的情绪问题

其实，情绪本身是没问题的，情绪问题其实指的是与情绪有关的认知及行为的问题，这些问题通过情绪表征出来，我们将之称为情绪问题。适度的、情境性的负面情绪反应是正常的。但是，如果大学生经常遭遇同一类烦恼或在某一情绪中不能自拔，从而影响身心的健康和学习，且大学生主观上认为自己不能摆脱这样的情绪困扰而苦恼，我们就将它称之为情绪问题。情绪问题是个信号，这个信号提示我们"我们的认知或应对模式有问题，需要调整"。

情绪问题会对大学生产生双重的负面影响。一方面，它会导致大脑神经活动功能出现紊乱，进而削弱情绪中枢部位的调控能力，使大学生的认知范围变得狭窄，自制力与学习效率显著下降，自我评价受到不良影响，甚至可能诱发极端行为，进而造成心理障碍、疾病乃至生命安全的威胁。另一方面，情绪问题还会削弱大学生的免疫功能，导致生理平衡失衡，从而容易引发呼吸、心血管、消化、泌尿等一系列系统性疾病，对大学生的身心健康构成严重威胁。因此，我们必须对大学生的情绪问题给予充分的关注与重视，并在必要时及时提供心理咨询与干预，以促进大学生的身心健康与全面发展。

（一）焦虑

焦虑症是一种以焦虑情绪为主要表现的情绪障碍，常伴有头晕、胸闷、心动过速、呼吸急促、震颤、尿频尿急，同时伴有忧虑、担心、害怕、强迫或类似的情感反应。

焦虑在大学生当中最为常见，在它背后隐藏着一种完美主义的诉求。高焦虑的人需要掌控感，需要精确地控制自己的生活，容不得意外的发生。比方说，一个焦虑的人可能会担心自己考试不及格怎么办，为了减少这种可能性，他会付出极大的精力在学习上，从而保证自己成绩优异。所以焦虑的人学业成就通常会比较高，而大学生也往往是焦虑的易感群体，在名牌大学里尤甚。从这方面看，焦虑是有其积极意义的，或者说，适度的焦虑是必要的。假如我们失去了对未来的担心，也就失去了前进的动力。然而，在另一个极端上，假如我们把时间和精力都投注给了未来的担心，焦虑就是一种危害严重的情绪了。

焦虑可能是明显的，也可能是隐蔽的。当一个人为了找工作的事心烦意乱，寝食不安的时候，我们知道他正在焦虑；当一个同学红着双眼，告知昨天晚上他通宵失眠的时候，我们知道他正在焦虑。对于这些焦虑，我们认识得很清楚。然而，当室友每天坐在电脑前面打游戏，看上去懒洋洋提不起精神的时候，你知道他很可能也正在焦虑吗？这种焦虑是极隐蔽的。对这些人，也许过两天就是上交论文的期限，他心里分明很慌，有强烈的焦虑感，但焦虑的后果可能是回避，因为任务太重了，他害怕去面对，于是他选择扭头不看。他打开电脑却烦躁得不想动笔，结果他又开了一局游戏。这样磨蹭下来，时间越来越少，该做的事没做，焦虑越来越高，形成了一种恶性循环。这时的焦虑就完全是一种有害的情绪了，它不再能起到促使人积极采取行动的作用。

（二）抑郁

抑郁是当代大学生群体中普遍存在的情绪问题，往往源于个体在面对外界压力时缺乏有效的应对策略。其主要症状表现为情绪持续低落、思维反应迟缓、既往兴趣丧失且活力减退、对生活前景失去信心并常伴随食欲减退及失眠等生理现象。长期陷入抑郁状态将严重损害个体的身心健康，进而对其学习和日常生活产生不良影响。性格偏内向、多疑敏感、不善于人际交往的个体，以及在生活中遭遇挫折或长期努力却未见成效的人群，更容易陷入抑郁情绪之中。

从认知上讲，抑郁的人对自己、对世界、对未来，持有一种远比现实状况更糟糕的评价。一个各方面都不错的大学生，抑郁时可能会觉得自己是最差劲的，自己的人生简直是一事无成，而任何一个旁观者都知道事实显然并非如此。身陷抑郁情绪中的人，往往无精打采，认为生活中没有什么值得高兴的事情，饭菜不好吃，活动不好玩，甚至连笑话都不好笑。他们感觉未来是没有出路的。他们的言谈中流露出一种深深的无助和无望感。

大学生产生抑郁情绪的原因比较复杂，外部原因有失恋、考试失败、生病、亲人亡故、家庭变故、生活里出现重大事故等；内部原因有心中一些固有的、潜在的消极自我观念的影响，觉得自己无能、没有价值、不招人喜欢等。

需要强调的是，抑郁情绪并不等于抑郁症。之所以特别强调，是因为现在的媒体大力宣传抑郁症的知识，有时反而给人一种错觉，以为抑郁症无处不在，造成了一种谈"郁"色变的恐慌，稍有消沉就疑神疑鬼，反而无助于正常生活的维持。其实抑郁症作为心理疾病的一种，有严格的诊断标准，并非完全如我们的想象。大学生抑郁情绪比较常见，并且具有多种形式，大多数属于一般的情绪反应，有一些属于心理障碍的范畴，极少数属于严重精神疾病范畴。总之切记，抑郁不等于抑郁症，任何人都会有情绪低落的时候，大可不必把抑郁与"抗抑郁药"等联系到一起。

虽然抑郁不等于抑郁症，但抑郁也不是愉快的情绪体验，并且有进一步损害身心健康的可能。抑郁时会对各种活动失去兴趣，生活没有动力，学习和工作效率可能严重受损，所以，当我们感觉心情低落时，要特别注意及时调整自己。我们可以通过与亲朋好友交流或记日记等方式主动宣泄不良的情绪，积极参加活动，寻找一些开心的事。当我们发现周围同学心情低落时，应主动接近并关心他们，为他们提供一定的社会支持，让他们感到有人关心，有人同情，有人理解，并积极倾听，帮助他们宣泄痛苦。

（三）愤怒

愤怒被视为人类众多基本情绪之一，它源于当客观现实与个体的主观期望相冲突，或当个人愿望受阻或未能达成时，个体内心所产生的一种强烈而激烈的情感体验。大学生正处于情绪波动大、易冲动的时期，容易发怒是大学生中常见的一种不良情绪的体现。心理研究指出，人的愤怒按其程度可以分为9个梯级：（1）不满；（2）气愤；（3）愠；（4）怒；（5）愤怒；（6）激愤；（7）大怒；（8）暴怒；（9）狂怒。随着梯级数的不断增加，发脾气的情绪会越来越大，而自制力则会越来越差，最后理智几乎完全丧失。愤怒情绪有可能削弱人的理性思考，影响判断力，进而引发诸如损坏财物、伤害他人，甚至违法犯罪等不理智行为。在大学生群体中，不少违规行为往往是在愤怒情绪的驱使下所作出的。愤怒情绪本身不是问题，只要学会合理表达愤怒、消除愤怒就行，过分压抑愤怒和被愤怒支配作出失去理智令自己后悔不迭的事是对自身有害的。

为什么会产生这种激烈的情绪呢?

有时,愤怒是因为我们有错误的认知,认为不愉快的事情是别人蓄意造成的。以迟到失约为例,没有人喜欢在约定的地点孤零零等半个钟头,但我们至少能考虑一下,也许对方另有苦衷?会不会有什么重要的事?总之,这种行为并不是对自己的蓄意攻击。

有时,愤怒是因为我们经历了错误的强化。也许在童年的时候,每当遇到不合意的安排,我们就通过愤怒的吼叫去迫使大人屈服。愤怒带给我们很多收益,获得掌控感。我们以为这一模式也可以在成年后沿用。然而事与愿违,作为成人,我们的愤怒只能给自己带来伤害。

有时,愤怒是因为我们不够宽容,当我们太执着于从自己的角度看问题时,往往会忽略别人这么做的道理。每个人都有一套价值观,谁都无权将自己的思维和行动方式强加于人。所以,当你因为和别人出现了意见上的分歧而准备愤怒的时候,请告诉自己:节制,节制,再节制。

在气头上时,我们一定要保持沉默,告诉自己现在还不合适,过十分钟再表达。如果自觉有控制不住的趋势,那最好能离开现场。虽然这会让我们感到相当的委屈和难受,然而,等愤怒的情绪消退后,我们会为这一选择庆幸不已。永远记住:愤怒以愚蠢开始,以后悔结束。

(四)羞耻

羞耻是一种指向自我的痛苦、难堪、耻辱的感觉。这种情绪不同于"害羞""腼腆"等自然性的反应,而是一种与文化关系密切的情绪。我们对羞耻最直观的印象就是:自己的缺陷正暴露于别人的目光之下,从而脸红耳热,羞愧难当,既对自己憎恨,又对环境无奈,更对别人的看法不敢揣测,甚至恨不得"找个地缝钻进去"。羞耻情绪是跟场景高度相关的。通常来说,这种情绪产生时需要有外人在场,并且自己正被外人关注。羞耻会引发对自己整个人的负面评价,认为自己在别人面前丢了脸,从而感到自己无能、无力、无价值。

羞耻情绪可能转化为愤怒。例如,一个领导在被下属指出自己的缺点以后,因为感到羞耻,觉得自己的权威受到了挑战,可能会以大发雷霆的方式表现出来。同时,羞耻情绪也可能转化为抑郁。例如,一个学生觉得自己当众丢了脸,很多天后仍然认为别人会看不起自己,因此不敢出门见人,不敢与以前的熟人打招呼,每天忍受孤独和抑郁的折磨。羞耻还可能引发焦虑，一个人因为某一次在众人面前讲话遭到嘲笑，从此回避当众讲话的情境，一旦需要上台做报告就会满头大汗，心跳加速，感到极度焦虑。

羞耻并不是一种完全的负面情绪，正常人都应该有适度的羞耻。因为适度地体验到羞耻可以有效地规范我们的行为，让我们适当地按照社会规范生活，适应社会。然而，和其他的负面情绪一样，过度的羞耻就是一种有害的体验。尤其是一些称为"羞耻易感性"很高或"易羞耻"的人，可能会在一些实际不用感到羞耻的场景中感到羞耻，并转化为对自身的伤害。例如，一个女生在课上回答问题时说错了一句话，全班哄堂大笑，女生便因此觉得非常丢脸，接下来好几节课都低着头不敢见人，以为每个人都还记得她刚刚闹出的笑话。这就是对羞耻过于敏感，事实上，在这种场景中，大多数人都只会感到轻微的羞耻或尴尬。

克服"过度羞耻"的方法，一是要认识到自身有容易羞耻的倾向；二是尽可能地悦纳自我，增加自信，相信自己是一个有价值的人，不会因为一两件具体的事而否定掉整个人的价值；三是在自己体验到羞耻时，不妨在脑海里做一个"换位假设"：在刚刚的场景中，自己只是一个旁观者，自己会有什么样的想法？前面提到的那个女生，在进行这样的假想时，很容易想到，如果是自己听到别人说错了一句话，可能也会哈哈大笑，但并不会因此讨厌和鄙夷那个说错话的人，并且，一节课还没结束，自己很可能就已经把这件事忘在脑后了。既然如此，别人看待自己刚才的错误也是同样的。因此，自己的羞耻感是毫无必要的。

三、负面情绪对大学生的危害

（一）损害大学生的身体健康

情绪，作为一种复杂的生理和心理现象，其波动能显著触发身体上的多种反应。具体而言，当处于情绪激动状态时，人们可能会经历诸如血压上升、呼吸频率加快等生理体征的变化，这些变化是情绪状态在生理层面的直观体现。现代医学的研究指出，疾病的发生与情绪状态之间存在着密切的关联，长期保持消极或紧张的情绪状态可能会导致心理与生理层面的紊乱，对个体的健康产生不良影响。中医理论同样强调情绪对身体健康的重要性。情绪过大或持续时间过长，均可能引发疾病的发生，如喜伤心、怒伤肝，这些观点揭示了情绪状态与身体健康之间的内在联系。

此外，情绪还在一定程度上影响着疾病的转化过程。正面、积极的情绪状态有助于疾病的康复与好转，而负面、消极的情绪则可能加剧病情，甚至导致疾病的恶化。

（二）影响大学生的心理健康

情绪的负面波动对大脑功能具有干扰作用，严重削弱了个体的决策和判断能力，甚至可能诱发神经及精神层面的病理性症状。心理状态如焦虑、抑郁以及神经衰弱等问题，与负面情绪之间存在着紧密的联系，成为现代人面临的严重健康隐患。如果长期缺乏对负面情绪的有效调节和干预，个体往往容易陷入痛苦、空虚、无聊等负面心理状态，影响其生活质量及身心健康。为寻求心理寄托和短暂的舒适感，部分个体可能沉溺于酗酒、网络游戏、自伤或伤人等不良行为，试图逃避现实的痛苦与困扰。然而，这些行为虽然能够暂时缓解心理压力，但长期而言却对心理健康造成严重损害，形成恶性循环。自欺欺人地逃避痛苦并非长久之计，个体应正视并妥善处理负面情绪，积极寻求专业心理咨询与治疗，以改善心理健康状况，实现心理与身体的双重健康。

（三）影响大学生的学习效果

进入大学阶段，学生需要逐步适应教师授课方式的转变以及学习环境的更迭。在此过程中，部分学生可能会遭遇学习上的挑战与不适，这些困难往往伴随着消极情绪的滋生，被视为一种沉重的负担，甚至对自尊心和安全感构成威胁。因此，部分学生可能产生退缩、厌倦或抵触的心理，以敷衍的态度对待学业，导致学习效果不佳。尽管他们深知学习的重要性，但由于自制力不足，往往难以坚持认真学习，从而影响学业成绩。有些学生可能会沉溺于电子游戏等消遣活动，以此来回避学业带来的心理负担和紧张感。

（四）造成大学生人际关系紧张

人类作为具有社会属性的生物，本性要求我们与他人建立联系并进行交流，而和谐融洽的人际关系对于个人的事业发展以及生活品质提升均具有至关重要的作用。在建立与维系人际关系的过程中，离不开双方情绪的融洽和协调。如果个体表现出易怒、缺乏同理心、不友善等不良情绪或行为特征，或者经常忽视他人的优点、过于斤斤计较，以及不善于调节自身的消极情绪，这些都有可能严重破坏人际关系的和谐与稳定。当人际关系紧张时，人们往往容易对他人产生敌意，导致彼此之间的情感疏离和缺乏有效交流。这种情况不仅不利于个体情绪的有效宣泄与调节，还可能对学生学业进步产生不良的影响，甚至影响到个人在社会中的整体表现与发展。

（五）影响大学生的人生观与价值观

在人生的征途上，负面情绪的出现是不可避免的，但这并不意味着它们毫无价值。只要个体能够在适当的时机进行积极调整，便可保持健康的情绪状态。然而，如果没有适时采取恰当的调节措施，个体可能会产生一种稳定的情绪，这是指从早年开始形成并持续存在的一种习惯性情绪倾向。这种恒定性深入根植于个体的性格之中，构成了其独特的情绪特征。特别是以负面情绪为主导的人格特质，不仅可能对个体的身心健康、学业和职业生涯造成负面影响，而且如果长期持续用这种心态来感知和理解周围环境，无疑会对大学生的世界观和价值观的形成产生深远的影响。

四、新媒体视域下大学生情绪管理能力的培养

大学阶段是个体人格发展和世界观形成的重要阶段，对大学生而言至关重要。在这一阶段，大学生被赋予了诸多重要的成长任务，如适应大学生活的节奏、深化对专业知识的掌握、构建与维护人际网络，以及选择未来的职业。然而，由于他们的心理和生理发展仍在进行中，自我调节和自我控制的能力还不够完善，这导致他们在应对复杂的个人及社会问题时，更容易产生心理的矛盾、承受压力以及产生心理障碍。因此，深入研究和探讨新媒体视域下大学生情绪管理能力的培养，具有显著的现实意义。通过提高大学生的情绪管理能力，可以有效地帮助他们自我调节负面情绪，缓解心理压力，进而提升整体的身心健康水平。

（一）促进情绪教育的"身体回归"

1. 树立"以人为本"的具身教育理念

学校教育中身体域场的回归，是"以人为本"教育理念的体现。现代教育中，

功利化的应试教育对身体的忽视与奴役及家庭、学校乃至社会对身体教育的忽视使得学生身体素质明显下降。身体在教育域场中的"隐身",一方面是应试化的教育环境影响,另一方面是教育理念的导向。在情绪管理教育这种特殊的认知活动中,我们要让身体回归到教育中,充分地发挥人的主观能动性,才能发挥"以人为本"的教育理念。教育理念"身体回归"并不是无迹可寻的。杜威曾用"教育回归生活世界"来修复教育与身体断裂的关系,指出教育为实现其目的,必须从经验,即从个人实际的生活经验出发。高校情绪管理教育要以"学生全面发展"为本的教育理念,要引导学生正确认知自我的情绪,掌握情绪的控制方法,保持良好乐观的心态,不断地自我完善。情绪管理教育要充分发挥受教育者主体的主观能动性,要让大学生在受教育的过程中体验到自主的尊严,感受心灵教育的愉悦,积极的情绪得到发展,人的价值得到实现。

2. 引入"情绪体验"的情绪教育内容

在新媒体视域下,我们引入情绪管理教育内容,通过深度挖掘情绪体验与身体认知的潜力,致力于优化大学生的情绪状态。积极的情绪体验不仅有助于个体内在思想觉悟的深化,更能为理性行动提供有力指导。第一,我们必须高度重视并积极引入情绪管理教育内容,精心设计并开设相关课程,以此强化学生对情绪管理的认知、调控及表达能力。此举旨在有效解决大学生面临的情绪困扰问题,进而提高其情绪调节能力和心理健康水平,为全面发展奠定坚实基础。第二,在具身认知理念的指引下,我们应充分重视情绪管理教育的体验性作用。相较于传统情绪教育过于侧重理论课程的局限,具身体验教学涵盖情绪认知和情绪调节的基础知识、调控策略以及心理训练活动,从而能够全面增强学生的情绪认知、体验、表达和宣泄能力,实现情绪管理的全面提升。第三,在政治的教学中增加情绪体验内容。爱国主义、情感认同、政治认同和社会主义核心价值观不是空洞的概念,而是要在情绪的氛围中去感知,教育体验内容的增加会提升其教育效果。

3. 采用"具身认知"的情绪教育方法

具身认知是强调身体、认知、情境三者统一的认知方式,我们以身体为基础的实践活动的创新就是要在情境环境中,身体、环境和情绪三者在动态的互动和表达中感知和理解自我和他人的情绪体验,掌握情绪管理策略。营造教学情境多样化的教育方法有以下几种:

首先，要采用具身引导法。情绪管理是一种复杂的心理机制和主观内在体验，不是单纯的理论学习就可以改变的心理状态。因此，思想教育者在教育中不仅要"教书"，更要"育人"，这就要求教育者要提升自身的情绪管理能力、学习情绪管理的策略和理论知识、提升自身的专业素质和教育水平，这样才能做到教育上的具身引导。教育过程中要充分运用自己的身体语言、表情、肢体动作，从而做到寓情于景，以情动人。

其次，是身体体验教育法。情绪管理的教学并非单向的知识传授，而是一个互动的、参与性的过程。体验教育的核心在于触发个体内在的情绪体验，这一过程在心理加工中往往与过往的情绪体验有较高的一致性，有助于加深对情绪的理解和调节能力的培养。具身情绪理论认为，身体的体验对情绪的加工、表达和理解具有一定的影响。身体体验与情景交融的教育方法，不仅能让学习者更加真实地沉浸在特定的环境之中，还能在模拟的情绪体验环境中，敏锐地捕捉到他人的积极情绪，进而有效地疏导和化解自身的负面情绪。

最后，是艺术情境教育法。通过音乐、绘画、建筑、文学等艺术形式，有效地将身体动作与情绪反应融合在一起，创造出一种互动体验。国外的音乐教育同样采用了身体与音乐在特定环境中的交互方式，这种方法有效地突破了传统的认知教育模式。在教学过程中，学生有机会通过音乐、绘画等多样化的形式，感受全新的认知和情感体验，进一步增强艺术教育的互动性和感染力。音乐家李斯特曾说，"只有在那自由而温暖的音乐世界中，感情的激流将我们从思想的桎梏中解脱出来，使我们紧皱的额头从思想的重负和现实的压迫中得到暂时的解放。"[①] 情绪管理教育的真正转型，需重视身体在教学中的主导作用，以此打破传统思想教育理论单一灌输的模式，为情绪管理教育领域带来创新和拓展的可能性。

4. 开展"身体参与"的情绪教育实践

在教育的广阔领域内，"身体"扮演着至关重要的角色，它是教育影响的直接接受者。教育的实施依赖于教育者与受教育者之间的互动，都离不开身体的积极参与和体现，突显了身体在教育实践中的核心地位。

然而，当前情绪管理教育在实施过程中，却普遍存在着对"身体"因素的忽

---

① 百度. 论情绪管理的概念界定 [EB/OL]. （2022-9-12）[2024-1-5].https://www.wenmi.com/article/pxp11i01t9lw.html.

视现象。大学生群体对于具身化的情绪管理活动与实践表现出强烈的渴求，但遗憾的是，现有的教育体系和教学方法往往回避或轻视了"身体"在情绪管理过程中的关键作用。

我们必须认识到，教育实践的组织与建构，无论是从制度层面的运作，还是到知识层面的内化，乃至个性层面的养成，都不可避免地涉及"身体"这一核心要素。因此，要提升情绪管理教育的有效性，就必须从"身体"这一基础要素出发，强化身体在教育过程中的参与度和影响力。

社会实践活动作为情绪管理教育的重要载体，其形式丰富多样，如爱国主义参观、公益服务、辩论讨论等。这些活动不仅能够帮助学生积累实践经验，更能够让他们在亲身参与中感受到积极情绪的力量，从而坚定理想信念，提升情绪管理能力。

（二）发挥教育主客体的交互作用

1. 发挥人的主观能动性

情绪管理，作为一种重要的人本主义教育策略，要求的不仅仅是提高教育者对情绪问题的认识和处理技巧。教育者需要在教育目标和实施机制上实现对内在情绪管理能力方面的构建，教育的目标在于教育者能够内在地构建起完善的情绪管理机制，维持健康的情绪状态，并形成较高的情绪智力。同样，教育的运行机制也要求教育者具备对情绪的敏锐觉察和有效管理。教育者必须积极发挥自己的主观能动性，通过主动深入理解情绪管理的心理机制，激发个体的内在动力，对于推动大学生系统学习情绪管理至关重要。学习和实践情绪管理技巧，以确保这些策略能够充分发挥作用。当学生能够深刻理解自己的情绪特性、情绪状况以及影响情绪的诸多因素时，他们将能够更加合理地分析情绪、进行自我认知、自我控制和管理，进而促进心理健康的改善。

2. 注重个体的情绪差异

首先，高校应致力于创造一个充满人文关怀的管理与服务环境，使大学生能够深切体验到来自辅导员和教师的关怀与支持。在具身教育的理念下，人文关怀尤为注重身体语言和非言语交流的重要性，教育者通过肢体动作和富有深意的眼神交流来实现共情，从而传达肯定与鼓励。这种通过身体传达的正面反馈，能够为学生提供深切的人文关怀。根据心理学家的研究，积极的认知评价对于提升个体的自我能效具有显著作用。同样，当代美国教育哲学家内尔·诺丁斯所倡导的关怀理论也强调了教师关怀行为的重要性，认为它不仅能够给予学生被关怀的温暖感受，更是构建师生间信任关系的关键。

其次，在情绪管理教育的深化过程中，辅导员应当注重加强具身人文关怀的渗透，通过身体语言和肯定的肢体动作，向学生传递具身的人文关怀和鼓励，用关爱来帮助学生缓解情绪上的困扰。同时，应鼓励学生在面临挑战时积极寻求情绪上的支持与帮助，避免情绪管理教育变得过于政治化或意识形态化。在加强人文关怀的基础上，致力于构建一个基于平等、包容和尊重的和谐师生关系。创造积极环境能够提供正向的情绪体验，从单向的灌输转变为双向的引导，从学生的被动接受转变为主动参与，这象征着教育焦点从单纯尊重教师权威转变为更加关注每个学生的个体价值，使情绪管理教育更加人性化、多元化。最后，辅导员和教师强调人文关怀的重要性，不仅应该尊重共性，也应深刻理解学生的个体差异，包括性别和性格特点，以提供更加个性化的指导和支持。情绪类型、管理能力以及应对方式在不同性别和个体之间存在明显的差异性。因此，教育策略应强调个性化，对男性学生，教师需引导他们理性分析情绪，合理疏导；而对女性学生，则应以情感为纽带，用情理交融的方式给予她们关怀与指导。

3. 学生要合理自我认知

情绪管理的有效性，其核心在于构建一种理性且富有逻辑的认知框架。个体的情绪产生与其认知活动之间存在着不可分割的联系。通过深刻的自我分析和对情绪起源的合理理解，我们可以在情绪调节的过程中，采取针对性的措施，有效解决问题。同时，对情绪调节技巧的深入理解和恰当应用，也是应对和调整负面情绪、维护心理健康和情绪平衡的关键。

学生通过自我教育过程，能够运用具身思维来实现对自身的合理认知。然而，能否采纳恰当的思维模式，是进行理性且准确情绪分析的关键。在审视个人情绪时，学生应实施合理的个人归因分析。在自我情绪分析的过程中，学生需要进行恰当的个人归因，避免错误地将情绪问题归咎于他人或外部环境。大学生在觉察到自身情绪后，应学会从自身出发，探寻影响自身对事件评价的内在观念，从而明确情绪产生的根源。

对于学生而言，在他们的教育旅程中，了解并运用一套全面的情绪管理技巧是非常关键的。特别是在情绪管理教育方面，采用"体认"的认知方式，能够显著提升教育的实效性。此外，学生还需深入学习和实践情绪管理的具体策略。举例来说，采用肌肉放松调节法，可以有效地使身体进入一种松弛状态，进而显著减轻和缓解负面情绪的压力。这种方法通过放松肌肉，帮助个体达到身心的平衡，为情绪的稳定提供了有力的支持。情绪具身观也明确指出，情绪的心理活动与身体的生理唤醒状态相互关联，共同影响着情绪的表达与调节。同时，在学生的个人发展过程中，除了传统的学习方法，行动转移法同样值得采纳。这种方法鼓励学生积极投身于自己热衷的活动，通过行为的转变来引领态度的更新和情绪的调整。具身认知理念强调身心合一，这一视角的转变能够极大提升个体情绪自我调节的效能。一方面，学生需培养对自身情绪的觉察力，深入了解并分析自身的情绪状态。在此基础上，控制并预防负面情绪的滋生，为自己营造一个正面的情绪体验空间。另一方面，学生应学会洞察他人情绪的微妙变化，通过观察言行举止来捕捉他人的情绪状态，这不仅有助于加深对他人的理解，还能促进双方之间的尊重与理解。理解他人的情绪是构建和谐人际关系、促进有效沟通的基础。

（三）提高大学生情绪管理能力

1. 加强心理健康知识的渗透

情绪作为一种复杂的心理活动，具备显著的社会性。在现实生活中，人们往往会出于各种原因掩饰或伪装自己的情绪，这在一定程度上增加了了解他人真实情感的难度，使得我们在面对问题时难以精准地找到解决方案。然而，每种情绪都有其独特的价值，我们应当以开放的心态去了解、接纳并与之和谐共处，从而提高情绪管理的有效性。对高校工作者而言，了解大学生的情绪特点，特别是负面情绪，是一项至关重要的任务。高教工作者应特别关注那些情绪调适能力较弱的学生，做好相关建档管理工作，以便在必要时能够为他们提供及时的帮助与支持。高校还可以通过开设选修课、举办讲座以及利用新媒体网络教育等多种途径，向学生渗透情绪管理等心理学理论。提升学生对情绪的认知水平是至关重要的，这有助于他们深刻理解情绪管理的价值。还应教授他们有效的情绪管理方法，进而提升他们的心理品质。

2. 帮助大学生掌握情绪管理的方法

大学生有多种方式来加深对情绪的理解，这不仅能够帮助他们缓解或转移负面情绪，还有助于他们有效地提高情绪智力。

(1) 情绪宣泄

大学生群体情绪表达丰富多样，对于其中可能产生的负面情绪，应当予以高度重视并及时释放出来，以免长期积压造成不良后果。当大学生面临负面情绪时，可以选择向身边的朋友、老师倾诉，或寻求专业咨询人员的帮助，或在网络平台上倾诉情感，同时也可通过写日记等方式，将情绪发泄出来并整理自己的情绪。

记录情绪反应对大学生的身心健康具有积极意义，这种能力使大学生能够在情绪波动时保持冷静，透过现象看到事物的实质，进而通过有效的情绪调节策略来防止情绪的极端化，有效避免由于情绪失控而可能导致的身心健康问题，还能减少对人际关系的潜在破坏。

(2) 情绪转移

当大学生面临负面情绪时，他们可以采取暂时脱离当前情境的策略，转移个人注意力。具体而言，可以选择聆听那些曲调高雅、旋律优美的音乐，这有助于平复情绪、舒缓压力；或者适当参与体育活动，通过运动释放负面情绪，改善心情；抑或选择旅游，换个环境，放松心情，从而有助于缓解情绪压力。

(3) 情绪升华

负面情绪的产生主要源于个体需求未得到满足。若个体持续沉溺于自身的弱点，往往容易在不当行为中寻求慰藉，进而陷入无法自拔的境地。因此，对于大学生而言，应秉持扬长避短的原则，深刻剖析自身的不足之处，并积极努力弥补。同时，应将个人的理想追求转移至更具价值与意义的事情上，从而实现个人精神的升华与发展。

(4) 理智疗法

宣泄与转移情绪的方式，虽能暂时缓解情绪压力，但并非治本之策。即便情绪得以暂时的升华，这并不总能深入到情绪的核心。通过正确的自我认知，厘清情绪产生的来龙去脉，从而有针对性地调控和管理情绪，实现情绪的稳定和健康发展。在日常生活和学习中，人们往往存在一个普遍的误解，即事件本身直接触发了情绪反应，然而，事实上，我们的情绪反应更多受个人观点和认知的影响。因此，关键在于深入探索情绪背后的思想和信念体系，识别和理解情绪生成的完整过程，从而有针对性地调控和管理情绪，实现情绪的稳定和健康发展。

3. 创造良好的学习生活氛围

对于刚刚步入大学校园的学生而言，他们通常需要一段时间来适应大学生活的新环境与新节奏。在此过程中，一些学生在课余时间缺乏有效的规划和安排，经常感到心情低落和生活缺乏目标。一些学生因为没有合理地安排课外时间，他们可能会无目的地虚度光阴，直到快毕业时才意识到自己的遗憾；或是过度沉溺于虚拟世界，难以自拔。然而，一个积极、健康的学习和生活环境对于促进学生情绪的平稳发展具有至关重要的作用。我们鼓励学生积极参与各类活动。通过活动，同学们能够加强彼此间的沟通交流，充实自己的生活，同时也有助于释放不良情绪。在活动中，学生们不仅能够更好地认识自我、锻炼自我、提升自我，更能在实践中不断发展与完善自我。

第三节 新媒体视域下大学生的人际交往研究

一、新媒体视域下影响大学生人际交往的因素

一般来说，可以把新媒体环境对大学生人际信任的影响归结为两大层面。一个层面是需认识到现实社会环境因素在新媒体背景下对大学生人际信任产生的显著影响，这是一个不可忽视的现象。另一个层面是新媒体环境本身的独特性质也在塑造大学生的人际信任方面起到了关键作用。然而，为了更全面地剖析新媒体视域下影响大学生人际信任的多重因素，我们同样需要将大学生自身作为核心要素纳入考量。在新媒体背景下，大学生不仅是人际信任研究的主要对象，也是联系现实社会与新媒体环境的纽带。

（一）大学生个人因素

在交往的逐步深入过程中，人际信任得以稳固构建，其中，交往双方的个人特质发挥着至关重要的作用。当我们深入研究新媒体环境下大学生人际信任的形成机制时，深入探讨大学生的个人特质变得尤为关键。

1. 社会信任危机加深了大学生的信任危机

在当前复杂多变的社会背景下，普遍蔓延的信任缺失现象对大学生群体的人

际信任关系造成了显著的负面影响。大学生正处于世界观、价值观、人生观形成的关键时期，以及人格完善的重要阶段，其人格发展状况对人际信任的发展具有深远的影响。在中国传统文化中，人格通常被理解为个体的道德品质，并通过言行举止和情态表现得以展现。人格不健全者往往难以适应社会的发展需求，并可能表现出性格和心理层面的扭曲。大学时期作为个体人格成熟的关键时期，大学生的成长不仅需要他们拥有自我提升的能力，还应当在一个有利于人格教育的环境中发展。尽管如此，现行的教育体系常常未能充分重视人格教育的核心地位，这在一定程度上使得学生在成长道路上对人格发展的重要性缺乏深刻的认识。

因此，当前大学生中存在人格不健全的现象较为普遍。近年来，随着网络技术的普及和新媒体的快速发展，人格教育逐渐进入网络空间并得到推广。然而，由于缺乏有效的教育方法和手段，新媒体视域下的人格教育效果并不显著，仍需要进一步探索和完善。

新媒体视域下，大学生人格不健全所引发的危害，主要表现为以下几方面：

第一，新媒体环境下权宜与越轨行为很常见。众多大学生在利用网络工具进行沟通交流时，真实表达的意愿较低，借助网络平台进行违法犯罪活动的案例则屡见不鲜。第二，新媒体的普及使得行为与行动趋于自由化，导致部分大学生在追求自由的过程中忽视了现实生活中的规则。在网络交往中，大学生的信任感严重缺失，取而代之的是一种怀疑和审视的态度，对待他人缺乏信任与尊重。第三，大学生过度沉迷于虚拟世界，对现实中的交往与交流持怀疑态度，甚至会产生排斥心理。这种过度依赖虚拟世界的行为，导致部分大学生性格发生严重扭曲，对现实世界的认知和态度出现偏差。

2."杀熟"现象影响了大学生的信任行为

"杀熟"现象，即利用熟人关系进行欺诈的行为，近年来在中国社会中频繁出现，已成为一种不容忽视的社会问题。信任与熟悉之间有着紧密的关联，这包括了个体间的人格信任以及更广泛的社会系统信任。在中国社会中，熟人信任扮演着尤为重要的角色，而"杀熟"行为则严重破坏了这一信任基础，进而对社会生活造成了不良影响。

"杀熟"现象的增多，反映了当前中国社会信任问题的严重性。在一个高信任度的社会中，欺诈熟人的成本会相对较高，因为一旦被发现，将造成巨大的声誉损失和社交代价。然而，随着社会的转型和经济改革的推进，人员流动日益频繁，社会关系逐渐变得冷漠和疏离。这种背景下，传统的熟人信任机制受到了挑战，而相关法律法规的滞后也未能及时有效地遏制"杀熟"现象的蔓延。

当前社会中，"杀熟"现象愈发泛滥，对大学生群体也产生了严重的负面影响。在校园内部，大学生之间的竞争日益激烈，涉及奖学金评定、优秀学生评选、入党名额分配以及就业机会争取等多个方面。为了在激烈的竞争中占据优势，众多大学生习惯选择采用"杀熟"的策略进行信息互换与资源竞争，这种策略的实施无疑加剧了同学间的信任危机，导致彼此的信任度跌至谷底。更为严重的是，还有那些曾经遭受"杀熟"的大学生，在经历了被背叛的痛苦之后，反过来又效仿这种不良行为，从而形成了恶性循环。这种现象不仅加剧了校园内部的信任危机，也严重影响了大学生的身心健康和成长发展。随着新媒体技术的普及和应用，大学生在虚拟世界中的交流也日益频繁。然而，由于"杀熟"现象的影响，大学生在交流过程中普遍缺乏信任感，也催生了一系列权宜之计和越轨行为的出现。现实环境中的"杀熟"现象与虚拟环境中的信任危机相互影响，共同导致了复杂的社会问题的形成。因此，我们必须高度关注并引导大学生有效识别现实和网络环境中的"杀熟"心理和行为，通过加强教育引导、完善制度规范等措施，努力营造一个诚信、友善、和谐的校园环境。

3. 大学生缺乏安全感而产生信任危机

大学生的年龄主要集中在 18 至 25 岁，这一年龄段的大学生正处于向"成年期"过渡的关键阶段。在此阶段，大学生的自我效能感与安全感往往呈现出不稳定甚至较低的状态，这一现象直接影响了他们的人际信任度，从而不利于其全面发展与成长。

安全感，作为一种个体内在的主观体验，它与个人的心理特质和认知有着不可分割的联系，更是对外部环境潜在风险的敏锐觉察与合理评估。安全感对于个体的成长与发展具有至关重要的作用，长期缺乏安全感可能导致个体对环境及人群的不信任，甚至可能产生反社会倾向。在大学生群体中，安全感呈现出年级、性别和生源地等多方面的差异，普遍表现为安全感的缺失。随着学业进程的推进，尤其是高年级学生，他们面临的就业市场压力逐步增加，这种压力的累积往往导致他们的安全感受到严重影响，进而可能出现安全感的下降。此外，大学生的安全感与其人际信任水平之间存在着密切的关联。当大学生感受到强烈的安全保障时，通常会展现出更高水平的人际信任，这种信任有助于他们构筑起和谐的人际网络，进一步推动个体的全面成长与发展。

在现实社会中，大学生的安全感与其人际信任水平之间存在着紧密的关联。与此同时，在当下新媒体环境下，大学生的安全感同样对其人际信任水平产生着深远的影响。若大学生长期陷入安全感的缺失状态，他们在利用新媒体工具进行交往时，往往会以怀疑的态度来审视网络环境中的个体与事物。这种怀疑心态往往导致他们对新媒体环境下的交往活动采取回避和抵制的态度，这不仅不利于大学生正常、有效地利用网络工具，更阻碍了他们在网络空间中的交流与交往，进而对网络工具的普及和发展造成了不利影响。我们应采取多元化的措施，提升大学生的安全感。通过增强大学生的安全感，我们有望进一步促进他们在现实社会以及新媒体环境下的人际信任度，进而推动他们更加积极、健康地参与到人际交往中来。

（二）网络环境因素

互联网的崛起为网络的发展奠定了基础，互联网的兴起已经彻底改变了信息的传递方式和人们的交流模式。作为一个集数字、图像、声音等多元素的综合性交流平台，网络以其迅猛的传播速度和广泛的影响力，提供了传统传播渠道所不具备的优势。但是，在信息传播的过程中，网络也显现出了一些局限性。在新媒体时代，信息的传播趋于明显的"去中心化"，这使得信息在传递过程中变得分散，可能造成一定程度的不可控风险。同时，新媒体环境中的信息传播还具有一种虚拟属性，这要求我们对网络信息的真实性和可信度进行审慎的考量。

大学生作为网络使用的主力军，在他们通过网络工具进行沟通和交流的同时，也不可避免地面临着网络信息传播中存在的一些缺陷。网络的虚拟交往特性以及"去中心化"的分散化交流模式，往往容易引发信任问题，严重时甚至可能导致信任危机的出现。

1. 网络信息传播的隐蔽性缺乏可信度

网络交往涵盖了诸如QQ、微信、播客、论坛等多种形式。在当前新媒体环境下，尽管个人拥有发布和传播信息的权利，但真正使用真实身份进行网络活动的人数却相对较少。网络信息传播的隐蔽性在一定程度上促进了真实信息的有效传播，但同时也为虚假信息的滋生和扩散提供了温床。

在新媒体浪潮的冲击下，大学生的人际信任逐渐转向以信息可信度为核心的评价标准，不过，虚假信息在网络上的泛滥传播，对大学生的信任感知构成了严峻挑战，降低了他们对网络信息的整体信任度。一些大学生利用网络的匿名性散布不良信息，不仅损害了网络环境的健康发展，而且加剧了信任危机的蔓延。由于网络工具的隐蔽性特点，大学生对交流者的信息往往持有一种不信任的态度，需要进行反复的核实和考证。然而，过度的信息核实和求证过程又可能影响到他们正常的交流，甚至引发大学生的逆反心理，从而导致信任关系陷入恶性循环，进一步降低他们的信任度。

因此，我们有必要引导大学生正确、理性地使用网络工具，避免被网络的隐蔽性所困扰，促进网络空间的和谐有序发展。通过加强网络素养教育，提高大学生对网络信息的辨识能力和判断力，以维护健康的网络交往环境。

2. 网络传播信息的虚拟性降低可信性

虚拟性作为网络传播信息的核心特性，涵盖了信息本体及其传播者关系层面的虚拟性。在日新月异的新媒体环境中，任何人都具备发布和修改信息的权限，这使得虚拟信息和图片的生成变得轻而易举。尤为值得注意的是，大学生群体更倾向于使用虚假身份进行交流，这一现象导致了其言行难以规范，真实性难以保证。

虚拟性特征的存在，不仅削弱了交流双方之间的可信性，更可能引发一系列心理问题、人格障碍乃至信任危机。若对此现象缺乏有效的教育和引导，将不可避免地影响大学生在现实世界中的人际交往与信任构建，导致其对他人产生怀疑和不信任的情绪，进而可能使大学生自身在行为上表现出虚假的倾向。因此，我们必须高度重视并加强网络环境下的教育与引导工作，以促进大学生健康、真实的网络交流的实现。

3. 网络环境的"身体缺场性"助长了人际信任的危机

在新媒体环境下，交往方式呈现出身体不在场的特性，即身份确认不再依赖于面对面沟通，而是通过网络平台进行互动，人与人的交流转变为符号与符号之间的对话。

然而，在这种新型的交往模式下，大学生的交往质量却呈现出下滑的趋势。由于缺乏社会道德和伦理规则的明确约束，在新媒体环境中信任度在人们交往过程中显著降低，这对于大学生的健康成长和全面发展构成了一定的阻碍。在现实环境中，人与人之间的关系往往受到地域、血缘等传统因素的制约和界定。但在新媒体环境下，这种关系界定变得更为复杂和模糊，难以用传统的标准进行清晰的划分。在此情境下，大学生的交往行为在身体缺场的状态下呈现出更为随性和自由的特点，但这也导致了他们信任度的降低。尽管有些人认为新媒体环境下的交往更加真实，但这并不能作为信任度提高的证据。实际上，这更多地反映了大学生在认识到说出真心话不会带来实际危险后的一种心态变化。然而，这种变化并不能掩盖新媒体环境下交往缺乏道德和伦理约束的问题，这对于大学生的健康成长和发展无疑是不利的。

（三）社会环境因素

在新媒体环境的映衬下，人际信任表现出与现实环境截然不同的特点。尽管如此，大学生在新媒体环境中的人际信任仍然受到现实社会因素的深刻影响。物质世界与现实社会环境作为信息创造的根源，为网络社会提供了坚实的基础。因此，在新媒体的背景下，人际互动和信任构建无疑会受到现实社会情境的显著影响和制约。

在构建社会秩序与发展中，约束性机制作为维护社会秩序和推动其发展的基石，包括法律规范、伦理道德以及公众舆论等多个方面。我国当前尚未建立起一套专门的法律法规体系来进行有效规范，这在一定程度上制约了信任机制的健康运行，也导致信任关系破坏现象频发，甚至引发了信任危机。

社会的发展建立在传统的基础之上，传统为我们提供了安全感和信任感。然而，在社会转型的过程中，部分人对传统不加辨别地持否定态度，这种倾向导致人们失去了可信赖的基础和判断标准。

二、新媒体视域下大学生人际交往的主要对策

在新媒体的广泛影响下，提升大学生的交往信任度显得尤为迫切，这就要求不仅要规范他们的行为，还要增强他们的信任感，并培育他们形成理性的信任观念。因此，运用社会控制手段成为不可或缺的环节，这些策略不仅涉及外在规范的约束，也包括内在认同感的培养，两者共同塑造了学生的社交行为。然而，面

对网络环境的复杂性与不断变化的特点,我们必须持续创新相关的机制和规则,促进大学生在新媒体环境中建立积极健康的人际关系和信任体系。

(一)新媒体发展的角度

新媒体技术为大学生的社交互动提供了极大的方便,但同时也对信任的建立产生了一些不利影响。新媒体的开放性、虚拟化特质以及信息容量的无限扩张,对大学生在人际交往中建立的信任关系产生了深远的影响。因此,从新媒体工具自身的特性及新媒体大环境的发展角度出发,深入探讨并解决大学生在新媒体环境下的人际交往信任问题,成了一个重要议题。针对新媒体的这些特点,我们需要考虑相应的对策。

1. 强化新媒体的责任意识

新媒体是人际交往与商业活动的重要平台。然而,受商业利益的驱动,网络媒体时常出现虚假新闻、炒作跟风、剽窃侵权等不良现象,并伴随着大量有害信息的传播。这些问题不仅破坏了网络空间的正常秩序,更导致了大学生群体中心理危机、人际信任危机以及人格障碍危机等问题的频发。因此,强化网络监管和网络媒体的社会责任至关重要。

大学生群体作为网络使用的主力军,他们常通过QQ、微信等社交平台进行沟通交流,而在商业活动中则依赖于淘宝、京东等电子商务平台。若长期缺乏有效监管,这些平台将成为虚假和有害信息的滋生地,对大学生乃至整个社会的健康发展构成潜在威胁。因此,网络和监管部门应积极采取措施,安装先进的过滤和检测工具,对网络信息进行实时监控和有效过滤,及时屏蔽和清除有害信息,减少其对大学生和社会造成的伤害和损失。同时,监管部门还应积极引导网民参与网络管理,建立举报网站和热线,鼓励网民积极举报不良信息,共同维护网络空间的健康与安全。

新媒体作为公共交流的重要平台,对其社会职责的重视,对网络空间的健康发展具有积极的推动作用。为确保新媒体环境的健康有序发展,必须建立专门机构,投入必要资金,广泛普及网络职责意识,并加强监管力度。在制度层面,应进一步完善新媒体管理制度体系,为大学生的网络行为设定明确、清晰的安全边界。同时,监管工作需充分考虑新媒体环境的复杂性和多样性,从源头上进行把控,延伸至相关软件和服务商,全面解决监管难题,为网络空间的健康发展提供有力保障。依靠全面、深入、系统的监管措施，我们能够有效促进新媒体环境的健康发展，为社会公众提供更加优质、安全、可靠的信息交流与交往平台。

2. 强化大学生的自律意识

为了有效加强大学生网络行为的管理，建立健全相应的制度显得尤为关键。核心目标在于确立网络行为在社会空间中的明确界限，以此达到有效管理并控制网络行为的重要目的，进而促进网络空间的健康有序发展。鉴于大学生是网络使用的主要群体，他们在网络空间中具有显著的影响力，并能够在很大程度上塑造网络生态。因此，通过加强制度建设，我们能够规范大学生的网络行为，减少权宜和越轨行为的发生，并进一步提高他们的鉴别能力。在制度建设过程中，需明确制度的边界，以保障网络工具的合理使用；同时，应制定空间秩序制度，规范并监控网络工具的使用行为。此外，我们还需强化责任边界，让大学生充分认识到在网络交流中的权利和责任，自觉遵守相关规定，并应强调理性信任的重要性。同时要认识到，大学生正处于心理敏感期，因此在加强网络行为管理的过程中，我们需特别关注教育引导的方式方法，确保既能有效规范大学生的行为，又能维护他们的身心健康。

（二）大学生自身角度

1. 加强大学生的网络素养教育

在新媒体时代背景下，规范大学生人际信任、强化制度建设、明晰交往边界以及提升网络技术等措施固然具有其重要性，然而这些并非长远之计。要从根本上解决问题，还需从大学生自身出发，加强网络素养教育，增强其在网络环境中的自律意识和能力。

学校作为大学生活动交往的核心场所，理应承担起提升网络素养教育的重任。因此，学校应设立专门的网络教育课程，配备具有专业资质的教学和科研人员，以确保教育质量和效果。学校还需密切关注大学生的日常生活，引导他们正确使用网络工具，培养健康的网络交往习惯。同时，也要兼具家庭教育的引导。家庭是大学生成长的重要环境，家长应积极参与孩子的网络素养教育，引导他们树立正确的网络价值观，增强他们对网络信息的辨识能力。通过家庭教育的配合，学校教育的效果将得到进一步巩固和提升。

2. 引导大学生的需要满足场域的转移

从大学生的角度出发，深入剖析新媒体环境下的人际信任问题，我们不难发现，除了着力提升大学生的网络素养外，更应关注并改善其生存状态，积极引导其需求满足场域的转移。在当前社会背景下，大学生在现实环境中面临着学业、就业、人际关系等多重压力，他们往往借助网络工具进行情感宣泄和需求满足。然而，这种过度依赖网络的行为模式也使他们更易成为网络诈骗的受害者，从而遭受不必要的损失。

为了有效解决这一问题，我们不仅需要加强大学生的网络素养教育和网络安全监控，更需从根源上解决他们在现实生活中的问题和压力，努力营造一个健康、快乐的成长环境。政府、学校和社会各界应共同努力，为大学生提供丰富多样的、健康正当的休闲活动途径，以减少他们对网络工具的过度依赖。我们还需积极引导大学生将需求满足的场域从虚拟网络转向现实生活，帮助他们在新媒体环境下建立起正确的人际信任观念。

（三）现实社会环境的角度

无论是在新媒体的虚拟空间还是传统的现实社会环境，对大学生人际信任问题的探讨都应围绕两个核心维度进行。其一，个体的自我意识水平，指的是大学生对信任的理解，以及他们在新媒体环境下的社交活动中所展现出的信任取向和理念。其二，外部环境的指导和教育影响，对塑造大学生的人际信任观念具有至关重要的影响，进而促进信任社会的构建，使得社会整体更具信任价值。

社会个体作为现实社会的基石，其存在与发展均离不开自身所具备的各项能力。这些能力涵盖了认知能力、社交互动技巧以及对现实环境的适应与洞察能力。在个体的社会化进程中，一个显著的演变路径是从单一、独立的个体逐渐融入并与他人形成联合体，共同构成更为紧密的群体和集体。在这一过程中，个体逐渐学会交往，而交往之中必然涉及对他人和社会的信任问题以及信任的建立方式。对于大学生而言，当现实环境中的交往无法满足其心理需求时，他们往往会转向虚拟的网络环境寻求满足。在这一虚拟空间中，信任问题显得尤为重要。因此，教育的价值在此凸显。人际信任教育致力于向大学生传授信任领域的核心理论，引导他们理解在人际交往和信任构建过程中应恪守的价值观和行为规范。大学生及其他交往主体能够通过理论知识将这些价值和规范内化于心，外化于行，使之成为自身行为的准则，从而使其交往和信任行为更加符合社会的要求。

教育在塑造大学生的交往和信任观念方面扮演着至关重要的角色。教育不仅能够引导这一特殊群体深入理解社会与他人的期望与标准，还能帮助他们精准把握这些要求，进而明确自身在社会中应承担的责任范围，并在此基础上作出合理的社交和信任决策。然而，仅停留在理论层面的教育显然是远远不够的。为了真正将理论知识转化为实际能力，我们必须积极鼓励大学生在掌握相关理论后，投身于交往实践之中，通过实际操作和亲身体验来不断提升自身的交往能力和信任水平。

第四节　新媒体视域下大学生的学习与生涯发展

一、新媒体视域下大学生学习的策略

在新媒体环境下，构建大学生心理健康教育体系是一项艰巨且持久的任务。我们需以科学、高效的方式将心理健康教育理论付诸实践，为学生打造一套实用、可行的网络心理健康教育体系。

（一）新媒体协同教育并实施个性化教育

个性化教育作为现代教育体系的核心特质，强调对个体差异的尊重并推动个性的全面发展。在中国传统的教育体系中，由于过分强调共性原则，学生的个性发展往往未能得到充分的重视和培养。这在很大程度上缘于班级规模较大所带来的压力。然而，随着新媒体和网络技术的蓬勃发展，其界面友好、操作便捷的特点为个性化教育提供了广阔的空间。借助这些先进技术，学生可以依据自身的学习基础、兴趣及认知风格，自主选择适合的学习内容、辅助练习、学习策略、学习步骤和学习速度，并在学习过程中及时获得教师的指导与反馈。这一模式的实施，能够充分满足学生个体差异性的需求，使多元智能得以充分展现与认可，进而挖掘知识的个人意义。更为重要的是，个性化教育为"平等"原则的落实提供了有力保障，确保了每个学生都能在适合自己的学习环境中取得成长与进步。

(二）新媒体协同教育并提高合作有效性

传统的学习方式通常侧重于学生的听、写、读等技能的培养，而在交流与讨论方面的实践相对较少，这种学习模式往往容易流于形式，难以确保每位学生都能积极参与其中，部分学生存在滥竽充数的现象。为了在新课堂教学中更好地发挥学生的主体作用，我们可以尝试一种有效的教学方法——"小组合作学习"，可以制定"小组合作学习管理办法及奖惩机制"，从合作小组的组建、合作小组的管理分工及职责、小组学习评价标准、小组课堂表现积分、小组合作学习守则、课堂合作学习的技能、合作学习的基本要求、各组分项成绩汇总表（周）、小组多元合作评价机制等方面作详细的阐述和要求。各班充分利用信息技术手段，使制度更方便操作，让"小组合作学习"有章可循、有据可依，真正将合作学习落到实处，使课堂气氛更加和谐、民主。借助 QQ、E-mail、班级博客群、微信等，老师与家长、学生，学生与学生可以跨越时空障碍，方便地、真实地进行同伴互教互学，提高语言的表达能力和沟通技巧，对学生终身发展大有裨益。借助现代信息技术手段充分发挥学生的主体，让学生成为学习的主人。

（三）新媒体协同教育并激发学生的主体意识

在教育教学过程中，为了培养学生的自主学习能力，我们应积极唤醒他们的主体自觉，点燃他们对课堂学习的热情与对知识探索的渴望，并激发他们的知识探索精神和挑战意识。这样，学生便能自发地产生学习的内在驱动力，进而实现他们个人潜力的最大化。同时，新媒体和网络技术以其独特的优势，集文字、图形、声音、动画等多种表现形式于一体，在辅助教学的实践中发挥着重要作用。这些技术能够将微观事物宏观化，将抽象概念具体化，将呆板内容生动化，从而极大地增强教学的表现力和感染力。充分利用新媒体和网络技术的这些优势，我们能够极大地满足学生的内在需求，引发其积极的情绪状态，并加深对教学内容的理解，进而提高教学质量和效果。

（四）新媒体协同教育并体现学生独立性

在教学过程中倡导"五学四研一升"的课堂教学模式，即"预学—初研、自学—探研、合学—深研、练学—测研、拓学—提升"，学会学习是自主学习不可或缺的核心特质。在网络教学环境中，学生得以摆脱传统模式下教师的直接引导，依据个体的学习需求,随时随地访问和获取所需的学习资源,以实现自主、灵活的学习活动。这种学习方式的转变有助于提高学生的自主学习能力。

(五)新媒体协同教育使学习情境更真实

借助新媒体,我们可以构建出逼真的情境,以形象化的方式再现各类内容,令观看者仿佛置身其中。这不仅能有效引导学生积极投入并参与教学活动,还可有效触发其真实的情感体验,引导他们顺利进入本课的主题内容,进行深入的学习与探讨。

二、新媒体视域下大学生生涯发展策略

无论是自我概念的逐步成熟还是生涯的不断发展,均是一个漫长且充满复杂性的过程,这一过程深受社会发展趋势、社会意识形态以及社会就业状况等诸多外部因素的共同影响。因此,生涯辅导教育同样是一个长期且系统化的过程,它并非仅仅依靠高校在大学四年期间的学校教育就能独立完成。相反,它需要社会、家庭等多方力量共同参与和关注,共同为个体提供全方位的培养与支持。

(一)整体上加强大学生的生涯辅导

根据当前情况分析,大学生生涯发展的总体水平尚显不足,存在"生涯探索相对成熟但规划能力有待提高"以及"持有较为合理的信念却时常体验消极情绪与困惑"等问题。针对此现状,我们可以借助新媒体平台,构建"一对一"或"一对多"的个性化教育模式,以满足不同学生的需求。因此,应从整体层面出发,强化对大学生的职业发展指导,通过多元化的途径和渠道,为大学生提供一套完整的生涯规划教育服务,包括设立专门的生涯规划课程,将职业规划的元素整合进日常教学或班级会议中;同时,辅导员和专业教师应积极地向学生传授职业规划的理念和策略;帮助学生树立正确的生涯观念;等等。此外,还可利用学校电台、校园网等媒体平台,广泛传播生涯规划知识,增强大学生的生涯规划意识和能力。

随着新媒体时代的到来,大学生的思维模式以及生活习惯都发生了转变,个性化是当代大学生的主要标签,而这种个性化正是生涯规划教育需要关注的因素,教师应根据学生的个性化制订不同的生涯指导方案,突出大学生职业生涯指导教育的个性化特征。

（二）有针对性地开展生涯辅导与教育

近年来，大学生生涯心理辅导的效果存在局限，其主要原因在于学校对于此项工作的重视程度不足，以及辅导措施的针对性不强。鉴于大学生在性别、年级及兼职经历等个体差异因素方面对大学生生涯成熟度的影响，生涯心理辅导服务应更加聚焦于为不同群体提供精细化和个性化的指导，以满足他们各自的特定需求。

相较于男生，女生的生涯成熟度普遍较低，因此，在生涯心理辅导过程中应特别关注女生的心理需求与困惑。女生在生涯规划过程中常面临家庭、恋爱等多重因素的干扰，导致她们在生涯决策时迟疑不决。针对这一现象，我们应鼓励女生积极寻找个人生涯发展的平衡点，并加强对她们生涯行动力的辅导。

大学生的生涯成熟度随着年级的增高而逐渐提升，同师范类专业的学生相比，非师范类专业的学生的生涯成熟度相对较高，而理工科专业的学生在生涯规划方面普遍优于文科专业的学生。因此，生涯心理辅导应针对不同年级、专业的学生制订相应的辅导方案，特别是在生涯教育课程的设置与实施上，应更加注重因材施教。

我们还需深入考察父母期望对大学生生涯成熟度的影响，及时发现并纾解因家庭期望差异而导致的生涯规划障碍。通过全面、细致、有针对性的生涯心理辅导，帮助大学生树立正确的生涯观念，提高他们的生涯规划能力，为未来的职业发展奠定坚实基础。

（三）通过提供兼职机会促进大学生的生涯拓展

对在校学生来说，实习活动在识别和确认职业兴趣方面扮演着至关重要的角色。然而，当前许多学校面临实习资源有限、机会相对局限的困境。学生的职业生涯发展与他们是否有过兼职经历密切相关。因此，学校有责任在理论层面上为学生提供必要的职业指导和教育，同时，也应积极地在实际操作层面给予支持。具体而言，学校应主动与用人单位建立稳固的长期合作机制，并有效整合社会资源，以确保学生能够接触到更多样的兼职机会，学生将有机会探索更广泛的职业领域，进而促进他们对个人职业规划的深入思考和扩展。

（四）利用网络加强大学生生涯的自我效能感训练

大学生的自我同一性和生涯自我效能水平对其生涯成熟度的影响十分重要，

它能够有效地预测其未来的生涯发展趋势。因此，高校在提供生涯辅导服务时，应当有针对性地设计并实施与自我同一性紧密相关的教学内容或咨询活动，同时，进行生涯自我效能感的专业培训同样重要。这些措施旨在帮助学生稳固地建立自我同一性，为其生涯发展的顺利进行奠定坚实的基础。

"互联网+"是一种新型经济形态，通过优化和集成增强互联网在生产要素配置中的作用，实现互联网与非互联网业务的融合，推动需求重构和业务革新增长。高等教育业作为传统行业之一，受"互联网+"的影响，催生出了新的教育模式，推动了传统教育变革。

"互联网+"在线教育使混合教学成为可能，包括O2O、课堂内外结合、校园与社会资源结合以及国内外资源融合的多元教学模式，如慕课、易班等。这些混合教学模式会优化资源配置，例如在传统的线下教学模式中，大部分从事基础理论教学的教师年复一年日复一日地重复讲授着多年不变的专业基础知识，他们中很多人因做着重复性工作而感觉无聊甚至产生了职业倦怠感，但基础知识的重要性让他们深知这项重复工作的重要性，所以不得不做着重复劳动，但这种让老师积极性不高的劳动也不一定能得到学生充分的认可。学生大学期间对某一学科的知识吸收也基本源于学校指定为其授课的某位老师的水平，没有其他选择，所以他们也就不知道自己老师的水平是高是低，并且当学生有不同需求时，却得不到差异化的服务，产生出一些误会。例如部分有考研意向的学生在备考时才发现，大学期间某门课程的授课老师对考研内容讲得很少，甚至从未讲授。事实上这位老师很努力地从不同角度对知识进行了阐释，力求使学生能够对课程有更全面的认识，而忽略了考研要求。但考研学生从自身需求出发，误以为是老师的能力不够，因而对老师产生了怀疑，甚至是否定，一传十，十传百，影响了老师的声誉，甚至影响到学校的声誉，使学生和家长对学校的教学质量产生了质疑，造成了不良影响。

"互联网+"以互联网平台为基础，利用信息通信技术与教育业跨界组合，使教育业转型升级成为可能，这样上述案例的问题就可以迎刃而解，老师们可以根据自己的特长、学生的多样化需求，从不同的方向对同一课程进行多角度讲授，并录制成视频，放在互联网上，学生可以利用课后时间进行自主学习、思考、讨论并总结问题，上课时间老师可以针对学生的困惑，对相关问题进行答疑解惑或进行深入探讨。同时学生的个性化需求也可以得到满足，针对某门课程，某个知识点，他们可以从互联网上找到与自己的需要相匹配的讲授方式。

"互联网+"是把双刃剑，它将教师从重复性工作中解脱出来的同时，也对教师提出了更高的要求。首先，积极抢占互联网教育阵地。在智慧地球时代来临之际，大学生将大量的精力投入到了互联网，他们的生活无法离开互联网，这就要求教师做到与时俱进，熟练掌握互联网技术，以求在互联网平台上占有一席之地。如果教师不能积极行动起来抢占互联网阵地，那么深度依赖互联网的学生就可能会被网络上的一些消极的、片面的、暴力的、负向的信息误导，严重影响其就业观、人生观乃至价值观。一旦其思想偏离正轨后，教师再试图对其进行职业生涯教育，难度就会陡然增加，往往事倍功半。

其次，充分利用互联网技术进行学习。"一心只读圣贤书"的时代已经远去，时代要求教师必须全方位、多途径地学习。互联网的发展为大学生提供了浩瀚的信息，移动数据的发展为大学生提供了可以随时随地查询信息的便捷条件。大学生在主动获取信息的同时也难免会被动地接受一些信息，他们难以分辨信息的真假、是非、好坏。如果教育者忽略网络应用，不学习互联网技术，就不能很好地利用互联网，从而引发一系列问题。比如，一方面会导致其无法了解网上的信息，无法把握学生的话语体系乃至思想动态，造成自己工作的被动；另一方面会出现老师的知识更新速度偏慢，使学生出现自己比老师懂得还多的错觉，从而影响到教学效果等。再次，主动提升授课水平。互联网技术的发展使老师授课的对象不再仅仅限于某个自然班级的学生，互联网延伸在哪里，学生就会在哪里，学生的含义也从传统意义上的面授群体扩展为纳入家长、同行乃至其他社会人的大群体，这就要求老师要努力将相关课程授好讲优。在提供解答和展示个人才能的过程中，我们同样会置身于公众的视野之下，不可避免地会受到公众的评价、监督以及可能的质疑和批评。最后，互联网技术的普及将深刻地改变高校的聘用机制。具备卓越的授课能力的教师将有可能同时被多所高校聘用，他们可以通过录制课程视频的方式，供学生自主学习和线上互动，从而有效节约劳动成本，进一步提高教育质量，实现教育资源的优化配置。然而，这种评聘机制的变革也将引发师生间更为激烈的竞争，可能导致教师需求减少，进而对高校师资队伍的建设和管理带来严峻的挑战。

参考文献

[1] 郭芳，陆茜，赵贞卿.大学生心理健康教育[M].苏州：苏州大学出版社，2020.

[2] 葛宝岳.大学生心理健康与安全教程[M].北京：新华出版社，2015.

[3] 郭芳，苏伟，布仁其木格.新媒体环境下大学生心理健康教育研究[M].哈尔滨：哈尔滨工业大学出版社，2018.

[4] 张娜，崔玲，刘玉龙.新编大学生心理健康教育[M].北京：中国民主法制出版社，2021.

[5] 格桑泽仁.大学生心理健康[M].成都：四川大学出版社，2019.

[6] 瞿珍.大学生心理健康[M].上海：华东理工大学出版社，2018.

[7] 杨中焕.大学生心理健康教育[M].济南：山东人民出版社，2016.

[8] 朱海东，于晓威.大学生心理健康教育[M].成都：电子科技大学出版社，2016.

[9] 唐敏，吕芳芳，苗培周.大学生心理健康教育[M].杭州：浙江工商大学出版社，2016.

[10] 廖斌.大学生心理健康教育[M].厦门：厦门大学出版社，2016.

[11] 陈凌峰.新媒体时代大学生心理健康教育与疏导机制的构建路径探析[J].新闻研究导刊，2024，15（01）：148-150.

[12] 王惠，陈艳丽.大学生抑郁情绪与心理健康辅导对策研究[J].中国学校卫生，2023，44（12）：1756.

[13] 姜露，唐清华，涂斯婧.互联网时代背景下大学生心理健康服务体系的构建与实现[J].中国学校卫生，2023，44（12）：1921.

[14] 张莉.新媒体时代大学生心理健康教育的对策[J].中国报业，2023，(24)：82-83.

[15] 王涛，葛丽源，冯宇.融媒体视域下大学生心理健康教学改革[J].中国报业，

2023，(24)：226-227.

[16] 莫彦芝，杨金，赵李顺. 大学生心理健康与体质及应对方式的关系研究 [J]. 现代职业教育，2023，(36)：30-33.

[17] 安娜. 高校大学生心理健康教育优化路径 [J]. 国家通用语言文字教学与研究，2023，(12)：40-42.

[18] 李倩会. "互联网+"背景下大学生心理健康教育工作探析 [J]. 中国新通信，2023，25(24)：116-118.

[19] 孙克芝. 新媒体环境下心理健康教育对大学生就业创业的影响 [J]. 湖北开放职业学院学报，2023，36(23)：6-7，10.

[20] 刘峻源，杨影. 新时代大学生心理健康现状及对策 [J]. 吉林省教育学院学报，2023，39(12)：23-27.

[21] 梁小玲. 大学生心理健康教育获得感研究 [D]. 南昌：南昌大学，2023.

[22] 季红娟. 大学生心理健康管理研究 [D]. 苏州：苏州大学，2023.

[23] 郭开强. 新时代高校大学生人格培育研究 [D]. 成都：西南财经大学，2023.

[24] 雷煜曦. 网络背景下大学生心理健康课程建设研究 [D]. 哈尔滨：黑龙江大学，2022.

[25] 于婷. 大学生品格优势、情绪管理与心理健康关系 [D]. 哈尔滨：黑龙江大学，2022.

[26] 刘天一. 大学生宿舍人际关系、大五人格和心理健康相关性研究 [D]. 哈尔滨：黑龙江大学，2022.

[27] 董慧. 新时代大学生健康社会心态培育研究 [D]. 长春：吉林大学，2022.

[28] 江颖诗. 面向大学生的高校心理健康服务设计研究 [D]. 广州：广东工业大学，2022.

[29] 冯园园. 大学生心理健康状况的研究分析 [D]. 曲阜：曲阜师范大学，2020.

[30] 曲鹏达. 大学生健康状况和影响因素调查分析 [D]. 昆明：云南中医药大学，2019.